多利益相关者视角的企业
社会责任实现路径研究

黎耀奇 ◎著

DUOLIYI XIANGGUANZHE SHIJIAO DE QIYE

SHEHUI
ZEREN

SHIXIAN LUJING YANJIU

中国财经出版传媒集团
经济科学出版社
Economic Science Press
·北京·

图书在版编目（CIP）数据

多利益相关者视角的企业社会责任实现路径研究 /
黎耀奇著 . -- 北京：经济科学出版社，2024.9.
ISBN 978 - 7 - 5218 - 6323 - 9

Ⅰ. F279.2

中国国家版本馆 CIP 数据核字第 2024JG2348 号

责任编辑：周国强　黄双蓉
责任校对：蒋子明
责任印制：张佳裕

多利益相关者视角的企业社会责任实现路径研究
DUOLIYI XIANGGUANZHE SHIJIAO DE QIYE SHEHUI
ZEREN SHIXIAN LUJING YANJIU
黎耀奇　著
经济科学出版社出版、发行　新华书店经销
社址：北京市海淀区阜成路甲 28 号　邮编：100142
总编部电话：010 - 88191217　发行部电话：010 - 88191522
网址：www.esp.com.cn
电子邮箱：esp@ esp.com.cn
天猫网店：经济科学出版社旗舰店
网址：http：//jjkxcbs.tmall.com
北京季蜂印刷有限公司印装
710×1000　16 开　13.75 印张　210000 字
2024 年 9 月第 1 版　2024 年 9 月第 1 次印刷
ISBN 978 - 7 - 5218 - 6323 - 9　定价：78.00 元
（图书出现印装问题，本社负责调换。电话：010 - 88191545）
（版权所有　侵权必究　打击盗版　举报热线：010 - 88191661
QQ：2242791300　营销中心电话：010 - 88191537
电子邮箱：dbts@ esp.com.cn）

前　言

十五年前，我作为一名博士生在中山大学康乐园懵懵懂懂地开启了自己的研究生涯。选择学术之路之初，并不知道什么是学术研究，只知道看文献能唤起自己的兴趣，也能从中体会到些许愉悦。开启博士生涯后，一些关于企业社会责任的文献引起了我的浓烈兴趣。市场营销专业出身的我，一直认为有道德的营销不仅是为了企业盈利，更应该在营销的过程中实现共赢共享，此为"君子爱财，取之有道"。与传统的营销策略相比，企业社会责任实践更让我耳目一新，企业利用自身资源践行对社会有益的善事（如建设希望小学、参加赈灾活动等），从而获得消费者的认可并促成交易（消费者甚至愿意溢价购买商品），最终实现企业的增长与盈利。彼时觉得这个逻辑真的太好了，简直是商业"永动机"。在这个背景下，我开始比较系统地阅读关于企业社会责任的文献（我习惯于把文献打印出来阅读，那几篇经典文献的阅读笔记可能还静静躺在家里某个角落），并真正涉入我的第一个研究领域。

博士论文阶段、工作后的前几年我一直都围绕着企业社会责任这个主题展开研究，陆续发表了一些论文。但现在回想起来有一件很神奇的事，无论是国家自然科学基金、国家社会科学基金，还是广东省自然科学基金以及其他项目，都没有以企业社会责任为主题的申请。这是我在此时此刻才意识到的问题，至于为什么，我也不知道。后来，随着研究的深入，我发现这个领域的研究已经非常成熟，因为觉得自身没有做出来什么让自己满意的研究，遂开始转向其他领域的研究，从 2017 年前后的刻板印象到污名理论再到时间心理学。

从目前的研究兴趣来看，以后我可能不会再深入企业社会责任这个领域的研究了。因此，本专著可以作为纪念自己第一个十年主要研究历程的小小里程碑。

本专著从多个利益相关者的战略视角审视探讨企业社会责任实践从开始、实施到结束的相关问题，构建了基于多利益相关者的企业社会责任实践管理体系。研究成果主要由四部分内容组成：第一部分，绪论。此部分主要梳理了企业社会责任的起源与发展脉络、概念界定与测量、理论渊源、研究现状与不足，并在此基础上提出研究框架。第二部分，内部视角的企业社会责任。此部分重点分析了企业、企业家等内部利益相关者对企业社会责任的认知与评价。第三部分，外部视角的企业社会责任。此部分从顾客、当地社区、地方等外部利益相关者的视角探讨企业社会责任相关问题。第四部分，企业社会责任的动态观。此部分突破了以往静态视角社会责任的局限，提出了企业社会责任动态观，并具体分析了企业社会责任的更新策略及终止策略，帮助企业在履行社会责任时能够"善始善终"。

本专著是在与合作者合作研究基础上进行的系统归纳与总结，合作者包括中山大学的谢礼珊教授和傅慧教授及其硕士生段艳红、暨南大学的文彤教授、汕头大学的宋丽红教授、广西大学的张庆芳博士以及台湾嘉义大学的黄宗承教授，以及我指导的学生方淑杰、刘必强、曾馨莹、翁钰宁、陈怡雪。另外，我指导的学生宋亚亚、赵雨僖、仇佳伟、孙梦琪、杨茗珺协助对书稿进行了系统的整理和校对工作。最后，经济科学出版社在专著的出版过程中提供了一如既往的莫大帮助。本专著能得以最终出版，离不开他们的积极参与和热心奉献，在此真诚感谢！

由于水平有限，书中难免有错误与遗漏之处，请读者见谅，并请向我反映需要改进完善之处（电子邮箱 liyaoqi3@ mail. sysu. edu. cn）。

2024 年 11 月 7 日

美国·代顿·海绵之家

目　录

第一部分　绪　论

第二部分　内部视角的企业社会责任

第三部分　外部视角的企业社会责任

第四部分　企业社会责任的动态观

第一部分　绪　　论

第一章

导　言

第一节　选题背景

一、现实背景

习近平总书记 2020 年在企业家座谈会上对企业家承担社会责任提出殷切希望："社会是企业家施展才华的舞台。只有真诚回报社会、切实履行社会责任的企业家，才能真正得到社会认可，才是符合时代要求的企业家。"[①] 企业社会责任（corporate social responsibility，CSR）这一概念最早由美国学者谢尔顿（Oliver Sheldon）1924 年在其著作《管理的哲学》中被提出。我国企业社会责任的研究和实践活动起步较晚，中国石油天然气集团有限公司在 2001 年发布了我国企业的第一份环境健康安全（environment health safety，EHS）报告，国家电网有限公司于 2006 年发布了我国央企的第一份社会责任报告，中钢集团有限公司则在 2011 年发布了我国第一份海外社会责任报告。2006 年 1 月实施的修订版《公司法》将企业履行社会责任纳入法律层面，中国企业履行社会责任迈入了法治时代。随着我国经济的发展和体制改革的深化，社会各界对企业社会责任的关注持

---

① 《习近平著作选读（第二卷）》，人民出版社 2023 年版，第 323 页。

续升温，对企业社会责任信息的披露要求也越来越高，信息披露制度被不断完善。此外，许多企业已经认识到履行企业社会责任将给自身带来许多好处，包括建立品牌形象、提高生产效率、满足消费者需求、保障企业股东或投资者的权益、推动绿色产品创新和工艺创新、实现企业的可持续发展等（Sen & Bhattacharya，2001；Porter & Kramer，2006；李伟阳、肖红军，2011；Velasco et al.，2021；钟帅等，2021；Yuan & Cao，2022）。管理者发现，企业社会责任不仅是对社会的一种回馈，还能作为一项重要的企业经营战略工具，助力企业的长期发展（Flammer，2013；Wang et al.，2017；李增福等，2016；Bhardwaj et al.，2018；郑琴琴、陆亚东，2018；肖红军，2020；Zheng et al.，2023）。在此背景下，我国企业履行社会责任意识不断增强，越来越多的企业通过发布报告形式披露社会责任实践内容。2022 年中国共发布超过 2600 份社会责任报告（包括可持续发展报告，环境、社会及管治报告、环境专项报告等），比上年同期增长了 37.49%。①中国企业发布的社会责任报告从 2006 年的 32 份到 2022 年超过 2600 份，反映了中国企业家群体的社会责任意识显著提升。在当前错综复杂的国内外形势下，构建企业社会责任管理体系，更好地指导企业家履行社会责任，是管理者应当肩负的服务社会责任，也是企业界对习近平总书记关于企业家承担社会责任殷切希望的响应。

二、理论背景

自企业社会责任这个概念提出以来，学者们围绕其进行了充分且深入的研究。经过学者们的努力，取得了大量的研究成果（Sen & Bhattacharya，2001；Porter & Kramer，2006；李伟阳、肖红军，2011；Flammer & Caroline，2013；Wang et al.，2017；李增福等，2016；Bhardwaj et al.，2018；郑琴

---

① 金蜜蜂 GoldenBee：《2022 年 CSR 报告全数据来啦》，https：//www. 163. com/dy/article/HNHBJODD0538B5BJ. html，2022 年 12 月 1 日。

琴、陆亚东，2018；肖红军，2020；Vizcaíno et al.，2021；钟帅等，2021；Coelho et al.，2023）。企业社会责任的定义与内涵从最初的意象化变成现在的具体化，其涵盖的内容不断丰富和扩展。

已有的众多企业社会责任研究成果主要是针对某一利益相关者展开的静态策略型研究，关注企业是否应该承担社会责任（是否开始）、企业应该如何履行企业社会责任实践（如何实施）等问题，如"社会责任对企业利大于弊还是弊大于利？""企业是否应该主动承担社会责任？""企业应该如何开展社会责任活动？"然而，正如扬雄在《法言·君子》中强调的"有生者必有死，有始者必有终，自然之道也"，企业社会责任实践同样不能脱离此自然规律。企业在经营过程中会面对诸多内在或外在不利因素，当企业经营不善或资源紧缺时，不可避免地面临终止承担社会责任的问题。此外，由于习得性偏好（习得性偏好是指个体经历了某种学习后，在情感、认知和行为上表现出的对某一种事物产生偏好的心理状态）的存在（Seligman，1967；Hsee et al.，1999），企业在长期履行社会责任之后，利益相关者会对该企业的社会责任实践习以为常，并将其当成是理所当然的常态。在这种情况下，一旦企业停止社会责任实践，必将与利益相关者的习得性偏好产生冲突，引起他们的不满，最终导致他们对企业的消极态度和评价（Li et al.，2019）。若仅静态地将企业社会责任实践作为一种营销策略，忽视终止社会责任实践的可能性，会导致企业陷入风险之中。因此，缺乏战略层面的企业社会责任动态研究是现有企业社会责任研究的第一个不足之处。

此外，学术界已经建立了利益相关者理论、制度理论、资源基础理论、企业理论、战略经营理论和组织合法性理论等关于企业社会责任的理论。在这些理论中，利益相关者理论对企业社会责任研究的发展起着重要的推动作用。利益相关者理论要求企业不仅对股东负责，还要对员工、顾客、社区、环境等利益相关者负责。作为一个涉及多利益相关者的企业活动，现有关于企业社会责任的研究往往只针对某一特定的利益相关者进行，如营销学者关注顾客对企业社会责任的响应（Sen & Bhattacharya，2001；钟帅等，2021；Fatma & Khan，2023）、企业管理学者关注企业社会责任与企业绩效的关系（Flammer & Caroline，2013；刘锡良、文书洋，2019；Coelho et al.，2023）、人力资源学者关注企业社会责任对内部员工认同感的提升（Fu et al.，2014；张麟等，2017）等，难以系统且全面地评价和判断企业社会责任现象。因此，缺乏从多个利益相关者的综合视角对企业社会责任展开系统研究，这是现有企业社会责任研究的第二个不足之处。

三、理论意义

本书响应习近平总书记关于企业家承担社会责任殷切期望的号召，从多个利益相关者的战略视角审视探讨企业社会责任实践从开始、实施到结束的相关问题，构建了基于多利益相关者的企业社会责任实践管理体系，弥补了已有研究在研究视角和研究对象两方面的不足。具体而言，本书有两个重要的理论意义：第一，本书立足于现有研究的研究对象局限于单一利益相关者的这一不足之处，从企业、企业主、员工、顾客、社区等角度构建基于多利益相关者的企业社会责任管理体系及实践指导框架，这是本书的研究对象创新。第二，本书基于"有始者必有终"的自然规律构建了企业社会责任的"善始、善行、善终"战略观。针对现有研究在企业社会责任实践的动态变化方面的研究不足，本书深入探讨了企业社会责任实践的更新和终止问题，并开创性地提出企业社会责任实践的更新策略及停止策略，有效地弥补了现有研究的缺陷，具有很高的学术价值，这是本书最大的学术价值之处。

第二节　研究意义与研究内容

一、研究方法与研究发现

本书采用深度访谈、实验研究、二手数据分析、大样本问卷调研相结合的混合研究方法展开研究。通过深度访谈的方式，初步了解不同利益相关者对具体的社会责任实践的认知，如社会责任偏好、社会责任归因以及遗产地社会责任测量等。通过一系列的实验室研究，检验企业社会责任实践对利益相关者的影响机制，包括社会公众及消费者对不同类型、不同方式的企业社会责任实践的评价，以及他们对企业终止社会责任实践的认知。通过上市公司财务报表等二手数据，检验企业社会责任与企业绩效的关系；使用全国私营企业抽样调查数据库，检验企业主慈善捐赠与企业家地位认同之间的关系。通过大样本调查，进一步检验定性研究和实验研究相关结论的外部效度，提升研究成果的科学性。

通过研究，得出四个有价值的发现：第一，企业社会责任应该是企业战略层面的决策而非策略层面决策。管理者在决定是否履行企业社会责任时，需要从战略的角度对企业社会责任的全过程进行评估，包括是否开始、如何实施、如何终止等关键问题。仅将企业社会责任作为营销策略开展，可能会面临适得其反的负面效果。第二，企业需根据不同的利益相关者制定不同的社会责任实践。企业社会责任涉及多利益相关者的企业活动，不同利益相关者的关注点不一致。只有针对不同的利益相关者制定相对应的社会责任实践，才能最大化企业社会责任实践的效益。例如，对于内部员工而言，应当制定内部社会责任实践，致力于提升员工的工作环境；对于消费者而言，应当强调外部社会责任实践，如环境保护、社会关爱；对于企业家，应重视社会地位的提升；对于社区而言，应强调企业社会责任对地方发展的影响，强调地方与企业的长期合作、共同成长。第三，企业在制定社会责任实践时，需要与时俱进，吸收新思想、新路径，进行社会责任活动创新，如基于互联网情景制定差异化的善因营销策略。第四，在制定企业社会责任实践时，管理者需要特别关注如何结束的问题。企业履行社会责任需要大量的资源，在面对诸多内在或外在不利因素的情况下，可能导致企业难以持续地承担社会责任。因此，企业在决定实施社会责任实践时，应该未雨绸缪，提前为停止社会责任实践做好预案，将停止社会责任实践的负面影响降至最低，甚至起到正面效果。

二、本书的主要内容及结构

本书将从战略层面构建企业社会责任管理体系，从多个利益相关者的角度探讨企业社会责任实践的开始、实施与结束策略，帮助企业在履行企业社会责任的过程中，不仅能"善始"，而且能"善终"。具体而言，本书主要由四部分内容组成：第一部分，绪论。绪论部分主要回顾了企业社会责任的溯源与发展脉络、概念界定与测量、理论渊源、研究现状与不足，并在此基础上提出研究框架。第二部分，内部视角的企业社会责任。此部分重点分析了企业、企业家等内部利益相关者对企业社会责任的认知与评价，以及企业社会责任对内部利益相关者的影响作用。第三部分，外部视角的企业社会责任。此部分将从顾客、当地社区、遗产旅游地等外部利益相关者的视角探讨企业社会责任相关问题。第四部分，企业社会责任的动态观。此部分突破了以往静态视角社会责任的局限，提出了企业社会责任动态观，并具体分析了企业社会责任的更新策略及终止策略，帮助企业在履行社会责任时能够"善始善终"。

本章参考文献

［1］李伟阳，肖红军．企业社会责任的逻辑［J］．中国工业经济，2011（10）：87-97．

［2］李增福，汤旭东，连玉君．中国民营企业社会责任背离之谜［J］．管理世界，2016（9）：136-148．

［3］刘锡良，文书洋．中国的金融机构应当承担环境责任吗？——基本事实、理论模型与实证检验［J］．经济研究，2019（3）：38-54．

［4］肖红军．共享价值式企业社会责任范式的反思与超越［J］．管理世界，2020（5）：87-115．

［5］张麟，王夏阳，陈宏辉，陈良升．企业承担社会责任对求职者会

产生吸引力吗——一项基于实验的实证研究 [J]. 南开管理评论, 2017 (5): 116 – 130.

[6] 郑琴琴, 陆亚东."随波逐流"还是"战略选择": 企业社会责任的响应机制研究 [J]. 南开管理评论, 2018 (4): 169 – 181.

[7] 钟帅, 章启宇, 李高洁, 郭星光. 企业社会责任行为对品牌情感的作用研究: 情感本土化的视角 [J]. 南开管理评论, 2021 (5): 213 – 226.

[8] Bhardwaj P, Chatterjee P, Demir K D, Turut O. When and how is corporate social responsibility profitable? [J]. Journal of Business Research, 2018, 84 (1): 206 – 219.

[9] Coelho R, Jayantilal S, Ferreira J J. The impact of social responsibility on corporate financial performance: A systematic literature review [J]. Corporate Social Responsibility and Environmental Management, 2023, 30 (4): 1535 – 1560.

[10] Fatma M, Khan I. Impact of csr on customer citizenship behavior: Mediating the role of customer engagement [J]. Sustainability, 2023, 15 (7): 5802.

[11] Flammer C. Corporate social responsibility and shareholder reaction: The environmental awareness of investors [J]. Academy of Management Journal, 2013, 56 (3): 758 – 781.

[12] Fu H, Li Y, Duan Y. Does employee-perceived reputation contribute to citizenship behavior?: The mediating role of organizational commitment [J]. International Journal of Contemporary Hospitality Management, 2014, 26 (4): 593 – 609.

[13] Heli Wang, Li Tong, Takeuchi R, George G. Corporate social responsibility: An overview and new research directions [J]. Academy of Management Journal, 2016, 59 (2): 534 – 544.

[14] Hsee C K, Loewenstein G F, Blount S, et al. Preference reversals

between joint and separate evaluations of options: A review and theoretical analysis [J]. Psychological Bulletin, 1999, 125 (5): 576 - 590.

[15] Li Y, Liu B, Huan T C. Renewal or not? Consumer response to a renewed corporate social responsibility strategy: Evidence from the coffee shop industry [J]. Tourism Management, 2019, 72 (6): 170 - 179.

[16] Porter M E. Strategy and society: The link between competitive advantage and corporate social responsibility [J]. Harvard Business Review, 2006, 84 (12): 78 - 92

[17] Sen S, Bhattacharya C B. Does doing good always lead to doing better? Consumer reactions to corporate social responsibility [J]. Journal of Marketing Research, 2001 (2): 225 - 243.

[18] Sheldon O. The philosophy of management [M]. London: Sir Isaac Pitman and Sons, 1924.

[19] Vizcaíno F V, Martin S L, Cardenas J J, Cardenas M. Employees' attitudes toward corporate social responsibility programs: The influence of corporate frugality and polychronicity organizational capabilities [J]. Journal of Business Research, 2021, 124 (1): 538 - 546.

[20] Zheng M B, Feng G F, Jiang R A, et al. Does environmental, social, and governance performance move together with corporate green innovation in China? [J]. Business Strategy and the Environment, 2023, 32 (4): 1670 - 1679.

第二章

企业社会责任缘起及发展

第一节　企业社会责任的缘起与争论

一、企业社会责任的思想渊源

企业社会责任是一个古老的概念，无论是在国内还是国外，均有着悠久的历史，如表 2-1 所示。

表 2-1　　　　　　　　　企业社会责任的主要思想渊源

时期	企业社会责任思想渊源的体现	主要代表人物或思想观点
古希腊时代	提倡社区精神，为社区提供服务；刑罚不道德的经营行为	古希腊社会的主流思想——社区精神；亚里士多德的话语：公民不能过着匠人或商人的生活，这样的生活毫无高尚可言，并且也有损于人格的完善
中世纪时期	商人必须绝对诚实，遵守商业伦理，关心社区福利	中世纪西方的教会教义
中国古代	君子爱财，取之有道；君子喻于义，小人喻于利	中国古代的信与义的道德思想；《陶朱公经商十八则》

资料来源：根据相关文献整理。

我国自古以来就有"君子爱财，取之有道""君子喻于义，小人喻于利"等谚语。其中，最为出名的是春秋战国时期被称为商圣的范蠡，他提出了著名的《陶朱公经商十八则》。范蠡是一位富有经济头脑的杰出人物，他知人善用、经商有道，凡是他所在之处，都能运筹帷幄，抓住商业贸易的经营先机，富国富民。司马迁曾称赞他："能择人而任时"，说明他善于重用人才，让有能力的人进行管理。最难能可贵的是，他在利用才智使财产与日俱增的同时，不忘反哺社会，以提高社会的整体福利为己任，致力于资助有需要的人，他是中国最早有记载的慈善家①。"十九年之中三致千金，再分散与贫交疏昆弟。此所谓富好行其善德也"。与此相对应，国外企业社会责任的思想可追溯到古希腊时代。在社会舆论和社会规范下，古希腊时期的商人在经营获利的同时，也寻求社会利益的发展。在中世纪的西欧，商人必须绝对诚实，遵守商业伦理，关心社区福利。在西方封建社会开始解体及资本主义形成时，重商主义的倡导使得商人的社会地位得到了很大的提升，也强化了商人的社会责任。虽然企业社会责任在古代就已存在，但严格意义上的企业社会责任思想还未出现。

社会责任是一个历久常新的概念，在不同时代有着不同要求。在古代，商人是社会商业活动的主体，商人的社会责任成为关注的重点。此时，社会责任更多强调的是公平交易、货真价实等责任。随着经济文化的发展，社会不断地给社会责任赋予新的意义，对企业的责任要求逐渐向外扩展，社会责任越来越向社区支持、环境保护、慈善捐助等转移。

现代企业社会责任思想最早出现在 20 世纪初期的美国。1916 年，克拉克（Clark）在《改变中的经济责任的基础》一文中指出，"大家对于社会责任的概念已经相当熟悉，不需要到了 1916 年还来重新讨论，但是迄今，大家并没有认识到社会责任中有很大一部分是企业的责任，……因为商人和学者仍然被日渐消失的自由经济的阴影所笼罩着"（Clark，1916）。正式的企业社会责任的概念，最早由美国学者谢尔顿（Sheldon）1924 年

---

① http：//www.cemnn.com/html/201004-3/20100403173044.htm

在其著作《管理的哲学》中被提出。谢尔顿提倡应该把企业社会责任以及公司经营者满足各类相关群体的责任联系起来。他认为企业的责任不仅包括经济责任，还应该包括道德义务，并主张企业在经营管理的过程中，提供一些有利于增进社区利益的行为。在他的观点里，已经孕育了企业社会责任的核心思想，并体现了利益相关者理论的部分基础，这种崭新的经营哲学将企业对社会的责任的认识提升到了另外一个高度。1953 年，鲍恩（Bowen）在其出版的《企业家的社会责任》一书中提出了"现代企业社会责任"概念，他强调企业家追求获利经营的同时必须对社会尽一定的责任和义务。在他的定义中，企业社会责任是指企业家根据社会价值观和目标的要求来制定经营战略、实施企业的经营管理方针的责任，即企业需要按照社会的目标和价值来作出相应的经营决策，采取理想的具体行动和履行义务。

二、企业社会责任思想的争论

理论争论和实践发展是推动企业社会责任发展的车轮。实践的发展改变着企业社会责任的语境，引起了企业社会责任思想论争，推动着企业社会责任思想的发展。自 20 世纪 30 年代开始，学术界围绕着什么是企业社会责任、企业社会责任的正当性、企业如何承担及承担多少社会责任等问题展开争论。在不断的争论中，企业社会责任思想日益丰富并臻于成熟。按时间顺序，促进企业责任理论发展和影响企业社会责任实践的三个阶段的争论如下。

（一）伯利和多德关于企业管理者对谁承担社会责任的争论

在 19 世纪二三十年代，美国公司所有权与控制权分离，股权分散程度高，公司所有者和经营者之间信息严重不对称，股东利润最大化作为企业管理者唯一的目标受到了严重挑战。基于这样的时代背景，伯利（Berle）与多德（Dodd）展开了"公司的管理者是谁的受托人"的争论。

伯利（Berle，1931）认为，管理者只是公司股东的受托人，而股东的利益凌驾于其余对公司有要求权的人之上。多德（Dodd，1932）则提出宽泛的信托原则，认为现代公司不再是一个私人经营单位，而是一个社会组织机构。两位学者看起来是在讨论谁是企业管理者的受托人的问题，其实他们是在讨论企业管理者对谁承担社会责任的问题。如果企业是追逐利润最大化的私人企业，管理者的受托人就是股东，要承担对股东的责任；如果企业是一个社会组织，管理者作为企业这个社会组织的代理人，应该对股东承担责任。他们的主要观点如图 2 - 1 所示。经过 20 多年的讨论，两位学者均认同现代企业是一个负有社会责任的社会组织，管理者负有宽泛的受托责任，他们分歧的焦点只是在于现实中是否缺乏一个使得现代企业及其受托人承担社会责任的机制。

（二）伯利和曼尼关于企业是否承担社会责任的争论

伯利和多德争论结束后，关于企业社会责任的争论继续往深入讨论方向发展。20 世纪 60 年代，政治和经济环境多变，企业之间的竞争激烈，自由主义思想在理论界恢复一定的地位。1962 年开始，曼尼（Manne）和伯利对企业是否承担社会责任展开讨论。曼尼（Manne，1962）在《哥伦比亚法学评论》上发表题为"对现代公司的'激烈批判'"的文章，他态度鲜明地对伯利关于现代公司要承担社会责任的观点进行了驳斥。"如果公司要在一个高度竞争的市场上出售产品，他就不可能从事大量的非利润最大化的活动。如果他一定要这样做，那么很可能无法生存"。曼尼支持自由市场经济，认为企业管理者并不一定具有承担社会责任的能力，而且让一个生意人完全介入捐赠活动中并取代市场的作用是一种很糟糕的决策机制。伯利（1962）发表《公司制度的现代功能》一文进行回应，其否定古典的自由市场经济在现代社会的合理性，强调企业具备承担社会责任的能力。曼尼坚持以古典自由市场理论为基础的传统企业理论否定了企业社会责任，伯利以现代企业理论为根据以坚持企业承担社会责任的立场。两位学者立场不同，争论后也无法达成共识。他们各自的主要观点如图 2 - 2 所示。

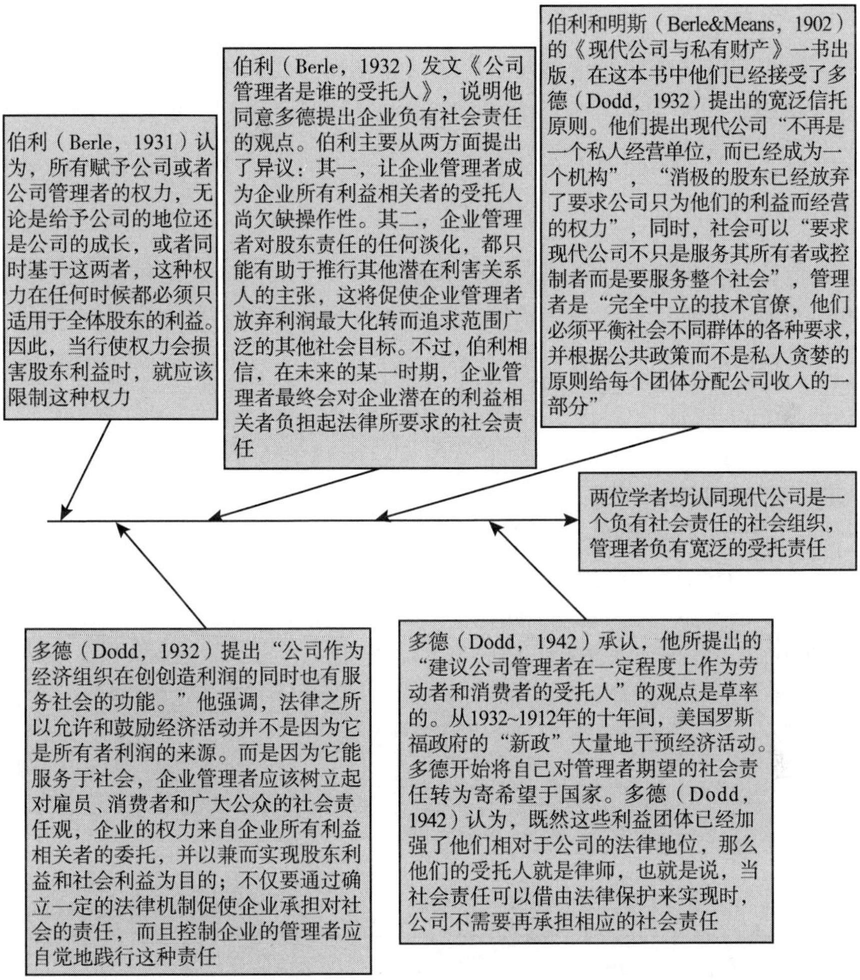

伯利（Berle，1931）认为，所有赋予公司或者公司管理者的权力，无论是给予公司的地位还是公司的成长，或者同时基于这两者，这种权力在任何时候都必须只适用于全体股东的利益。因此，当行使权力会损害股东利益时，就应该限制这种权力

伯利（Berle，1932）发文《公司管理者是谁的受托人》，说明他同意多德提出企业负有社会责任的观点。伯利主要从两方面提出了异议：其一，让企业管理者成为企业所有利益相关者的受托人尚欠缺操作性。其二，企业管理者对股东责任的任何淡化，都只能有助于推行其他潜在利害关系人的主张，这将促使企业管理者放弃利润最大化转而追求范围广泛的其他社会目标。不过，伯利相信，在未来的某一时期，企业管理者最终会对企业潜在的利益相关者负担起法律所要求的社会责任

伯利和明斯（Berle&Means，1902）的《现代公司与私有财产》一书出版，在这本书中他们已经接受了多德（Dodd，1932）提出的宽泛信托原则。他们提出现代公司"不再是一个私人经营单位，而已经成为一个机构"，"消极的股东已经放弃了要求公司只为他们的利益而经营的权力"，同时，社会可以"要求现代公司不只是服务其所有者或控制者而是要服务整个社会"，管理者是"完全中立的技术官僚，他们必须平衡社会不同群体的各种要求，并根据公共政策而不是私人贪婪的原则给每个团体分配公司收入的一部分"

两位学者均认同现代公司是一个负有社会责任的社会组织，管理者负有宽泛的受托责任

多德（Dodd，1932）提出"公司作为经济组织在创创造利润的同时也有服务社会的功能。"他强调，法律之所以允许和鼓励经济活动并不是因为它是所有者利润的来源。而是因为它能服务于社会，企业管理者应该树立起对雇员、消费者和广大公众的社会责任观，企业的权力来自企业所有利益相关者的委托，并以兼而实现股东利益和社会利益为目的；不仅要通过确立一定的法律机制促使企业承担对社会的责任，而且控制企业的管理者应自觉地践行这种责任

多德（Dodd，1942）承认，他所提出的"建议公司管理者在一定程度上作为劳动者和消费者的受托人"的观点是草率的。从1932~1912年的十年间，美国罗斯福政府的"新政"大量地干预经济活动。多德开始将自己对管理者期望的社会责任转为寄希望于国家。多德（Dodd，1942）认为，既然这些利益团体已经加强了他们相对于公司的法律地位，那么他们的受托人就是律师，也就是说，当社会责任可以借由法律保护来实现时，公司不需要再承担相应的社会责任

图 2-1　伯利和多德的主要观点

（三）自由经济思想者与企业社会责任思想者之间的争论

伯利与多德和曼尼的争论引起了越来越多的学者加入企业社会责任大辩论中。这场热烈的大辩论促使企业社会责任理论得到极大的发展和成熟。大辩论的反对方是以莱维特（Levitt）、哈耶克（Hayek）、弗雷德曼（Friedman）等自由经济思想者为代表。大辩论的支持方是以鲍恩、弗雷德里克（Frederick）、瓦里奇（Wallich）、弗里曼（Freeman）等企业社会

责任思想者为代表。双方反对或支持企业社会责任的各种争论的核心焦点是：企业是谁的企业？这个核心焦点具体体现为两大争论点：其一是企业的目标是利润最大化还是在获取最优利润的同时承担社会责任？其二是企业管理者是股东的代理人还是全体利益要求人的代理人？自由经济思想者认为：企业是股东的企业，股东是企业唯一的所有者，管理者只能代表股东的利益，企业和企业管理者以利润最大化为唯一目标。企业社会责任思想者主张：企业是全体利益要求人的企业，管理者代表全体利益要求人的利益，企业的目标是获取最优利润的同时承担社会责任。他们的代表性观点如表2-2所示。

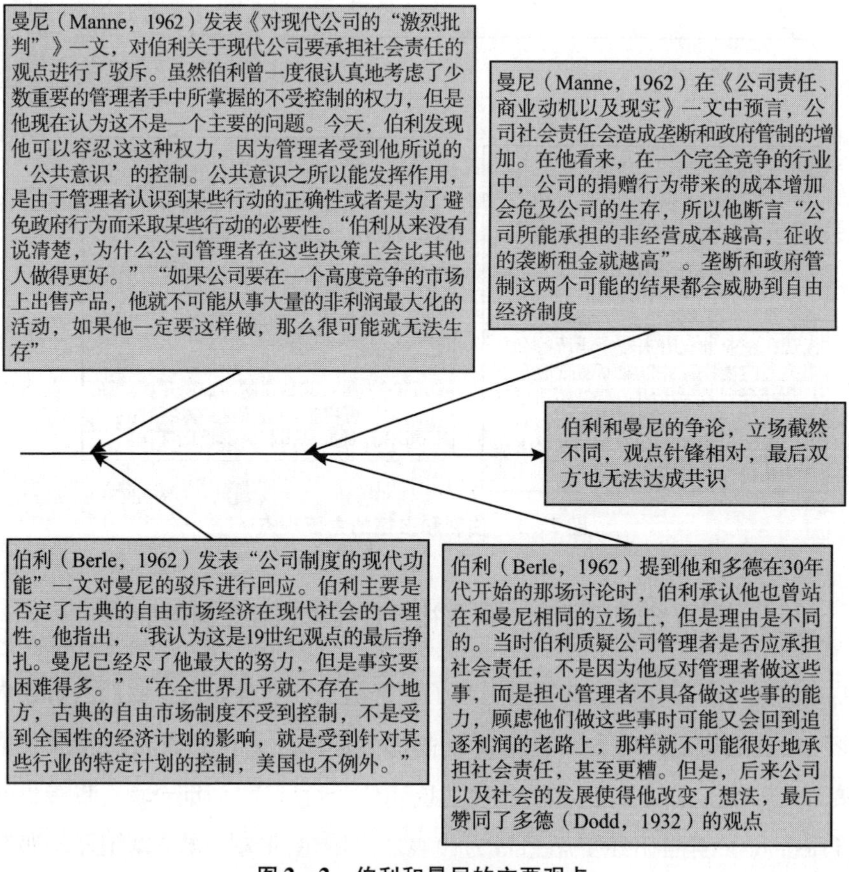

曼尼（Manne，1962）发表《对现代公司的"激烈批判"》一文，对伯利关于现代公司要承担社会责任的观点进行了驳斥。虽然伯利曾一度很认真地考虑了少数重要的管理者手中所掌握的不受控制的权力，但是他现在认为这不是一个主要的问题。今天，伯利发现他可以容忍这这种权力，因为管理者受到他所说的'公共意识'的控制。公共意识之所以能发挥作用，是由于管理者认识到某些行动的正确性或者是为了避免政府行为而采取某些行动的必要性。"伯利从来没有说清楚，为什么公司管理者在这些决策上会比其他人做得更好。""如果公司要在一个高度竞争的市场上出售产品，他就不可能从事大量的非利润最大化的活动，如果他一定要这样做，那么很可能就无法生存"

曼尼（Manne，1962）在《公司责任、商业动机以及现实》一文中预言，公司社会责任会造成垄断和政府管制的增加。在他看来，在一个完全竞争的行业中，公司的捐赠行为带来的成本增加会危及公司的生存，所以他断言"公司所能承担的非经营成本越高，征收的袭断租金就越高"。垄断和政府管制这两个可能的结果都会威胁到自由经济制度

伯利和曼尼的争论，立场截然不同，观点针锋相对，最后双方也无法达成共识

伯利（Berle，1962）发表"公司制度的现代功能"一文对曼尼的驳斥进行回应。伯利主要是否定了古典的自由市场经济在现代社会的合理性。他指出，"我认为这是19世纪观点的最后挣扎。曼尼已经尽了他最大的努力，但是事实要困难得多。""在全世界几乎就不存在一个地方，古典的自由市场制度不受到控制，不是受到全国性的经济计划的影响，就是受到针对某些行业的特定计划的控制，美国也不例外。"

伯利（Berle，1962）提到他和多德在30年代开始的那场讨论时，伯利承认他也曾站在和曼尼相同的立场上，但是理由是不同的。当时伯利质疑公司管理者是否应承担社会责任，不是因为他反对管理者做这些事，而是担心管理者不具备做这些事的能力，顾虑他们做这些事时可能又会回到追逐利润的老路上，那样就不可能很好地承担社会责任，甚至更糟。但是，后来公司以及社会的发展使得他改变了想法，最后赞同了多德（Dodd，1932）的观点

图2-2　伯利和曼尼的主要观点

表 2 - 2 学者反对或支持企业社会责任的代表性观点

学者	态度	代表性观点
莱维特	反对	莱维特（Levitt, 1958）在《哈佛经济评论》发表论文"社会责任的危害"，提出如果企业参与社会问题，就会获得广泛的权力，并将演变成像封建采邑、中世纪教堂或者民族国家那样的权力中心，支配政治、经济和社会，形成十分有害的集权体制
弗雷德曼	反对	弗雷德曼（Friedman, 1962）在《资本主义与自由》中提出了他对企业的社会责任的观点，他将企业的社会责任表述为："在这种经济中，企业仅具有一种而且只有一种社会责任——在法律和规章制度许可的范围之内，利用资源来从事旨在增加利润的活动。这就是说，从事公开的和自由的竞争，而没有欺骗或虚假之处。"在之后发表的《企业的社会责任》一书中，他对企业社会责任的总结是：在自由社会，存有一项且仅存一项企业社会责任，这就是在遵守游戏规则的前提下使用其资源从事旨在增加企业利润的各种活动，或者说，无欺诈地参与公开而自由的竞争。弗雷德曼（Friedman, 1970）指出，企业社会责任是极具颠覆性的学说
哈耶克	反对	哈耶克（Hayek, 1969）认为，企业社会责任是有悖于自由的。企业参与社会活动的日渐广泛必定导致政府干预的不断强化。因为，企业应服务于特定公共利益以践行其社会责任的观念越是深入人心，则政府作为公共利益的代言人有权要求企业必须实施一定行为的论调就越发令人信服。从长远来看，企业及其管理者根据其自己的判断而行使的权力必然是暂时的，它们最终将为这短暂的自由付出高昂的代价，那就是不得不按照被当作公共利益代言人的政治权威的命令行事
波斯纳	反对	依波斯纳（Posner, 1997）之见，企业之目标，唯在利润最大化。人们全无必要因企业疏于关注社会问题而焦虑和悲伤。他列举了公司承担社会责任、不以利润最大化为唯一目标的危害。首先，试图以最低成本为市场生产产品而又改良社会的经理，最终可能将一事无成。其次，公司社会责任的成本会在很大程度上以提高产品价格的形式由消费者来承担，这不仅损害了消费者利益，而且最终企业也会被逐出市场。最后，公司履行社会责任会降低股东自己履行社会责任的能力，而与此相反，公司利润最大化却可以增加股东的财富，股东可以以这种资源来对政治、慈善捐款等作出贡献
鲍恩	支持	1953 年，鲍恩在其出版的《企业家的社会责任》一书中提出了现代企业社会责任概念，他强调企业家追求获利经营的同时必须对社会尽一定的责任和义务。鲍恩（Bowen, 1955）认为，如果商人能够认识到他们行为的社会后果并能够自愿地按照社会的利益行事，那么就可以避免滥用自由经济，也可以免除政府过度管制的危险
弗雷德里克	支持	弗雷德里克在 1960 年指出，社会责任意味着企业家在经营管理决策中，需要考虑公众对企业的要求，满足他们的合理期望。致力于采用一种能够提高整个社会经济福利的生产方式，企业家应该将自己所掌握的资源，应用于广泛的社会目的中，如提高员工专业技能、提高产品对消费者的效用、推动社区发展等，而不是简单地寻求利益

学者	态度	代表性观点
瓦里奇	支持	瓦里奇（Wallich，1972）认为，现代公司寻求的是持续生存，更关注长期的理由，短期利润最大化行为可能会损坏长期生存。因此，认同社会责任可以使得公司被社会所接纳，这是公司持续经营所必需的。此外，持有分散化投资组合的股东有比要求任何一家公司最大化利润更为广泛的利益
萨缪尔森	支持	萨缪尔森（Samuelson，1973）主张，当今的大公司不只是可能参与社会责任实践，而是非常应该去承担社会责任
弗雷曼	支持	弗雷曼（Freeman，1984）提出因为企业的利益相关者与企业的生存发展息息相关，它们受到企业经营活动直接或间接的影响，企业需要向所有利益相关者负责任

资料来源：根据相关文献整理。

第二节　企业社会责任概念界定

从企业社会责任的发展来看，20世纪70年代之前的企业社会责任相关定义，大多是从企业家的角度去定义的，如谢尔顿的《管理的哲学》、鲍恩的《企业家的社会责任》以及戴维斯（Davis）的《企业和它的环境》，都基于企业家的角度去阐述社会责任。随着越来越多的跨国公司及大集团的企业社会责任实践，在70年代后，学术界慢慢将企业社会责任的关注点从企业家转移到企业上，如伊尔斯和沃顿（Eells & Walton，1974）强调企业要考虑其在支持和改善社会福利方面的作用，贝克曼（Backman，1975）认为企业应该有关于社会发展和社会福利方面的目标或动机。20世纪70年代后最具影响的企业社会责任的定义主要有三个。

一、美国经济发展委员会提出的"三个中心圈"概念

美国经济发展委员会（1971）提出"三个中心圈"概念。在三个

中心圈，内圈代表企业的基本责任，即为消费者提供高质量的产品或服务、为社会提供大量的工作机会、促进社会经济的发展；中圈是指企业在实施经济职能时，对其行为可能影响的社会和环境变化要承担责任；外圈要求企业主动地救济灾民、消除贫困、防止城市衰败等为社会进步作出贡献。在三个中心圈中，内圈是企业必须承担的社会责任，也是企业生存的前提条件，若企业不能为社会提供满足消费者的产品、不能提供就业机会，企业便必然面临倒闭的危险。中圈代表企业因其业务活动可能对外界产生的影响所承担的社会责任，虽然它们不是企业必尽的责任，但是企业应尽的责任。外圈包含企业在经营管理之外需要额外承担的责任，如慈善捐赠、保护环境、促进社区发展等。

二、卡罗尔提出的"金字塔"概念

卡罗尔（Carroll，1979、1999）提出的"金字塔"概念是最受学者们认可的企业社会责任概念界定。卡罗尔认为，企业社会责任意指某一特定时期社会对组织所寄托的经济、法律、伦理和自由决定（后改为慈善）的期望。企业社会责任包括经济责任、法律责任、伦理责任和慈善责任。经济责任是关于企业对股东的经济上的责任，如企业利润、企业竞争力、企业效率等。法律责任要求企业需要在相关法律法规的约束下合法经营；伦理责任要求企业在经营管理的过程中，实现社会公平和正义；慈善责任要求企业积极参与到向社会表达善意，能够致力于提高人类福祉的实践中。卡罗尔认为，企业的四类责任是有层次关系的，位于"金字塔"最底端的是企业的经济责任，然后是法律责任和伦理责任，慈善责任位于"金字塔"的最顶层，只有履行四种责任并都很好地完成，"金字塔"才是完整的，如图2-3所示。

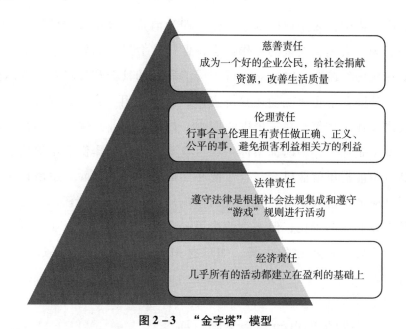

图 2 - 3　"金字塔"模型

三、埃尔金顿提出的"三重底线"概念

埃尔金顿（Elkington，1997）提出的"三重底线"概念对企业社会责任概念进行了非常有效的划分。他认为，企业的经营管理应该包含三个底线，分别是经济底线、社会底线以及环境底线，企业在承担基本的经济责任的同时，也需要承担相应的社会责任和环境责任。经济责任是企业持续经营的必要条件，该责任要求企业通过高效率经营获取利润；环境责任就是保护环境、促进人与自然和谐发展的责任；社会责任是指对整个社会负责任，尤其是对企业的外部利益相关者负责任。与"三个中心圈"和"金字塔"概念不同，三重底线不是一个具有明显高低层次的概念，而是强调企业需要平衡三方面的责任，即企业在经营管理过程中，应当同时履行上述三个领域的责任，如图 2 -4 所示。

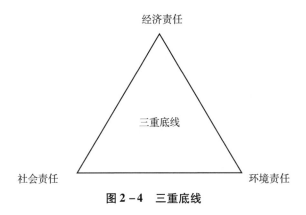

图 2 - 4　三重底线

四、国内对企业社会责任的内涵界定

我国学者也对企业社会责任的内涵进行了有意义的探讨。其中，刘俊海（1999）认为企业社会责任是指公司不能以最大限度地获取利润作为自己存在的唯一目的，而应当以最大限度地提高所有利益相关者的利益为终极目标。他强调了社会责任是对企业唯利是图的一种修正，要求企业不仅为股东盈利，还要为社会谋福利。卢代富（2002）针对传统的企业理论，认为企业社会责任是企业在谋求股东利润最大化之外所负有的维护和增进社会利益的义务。刘连煜（2001）认为企业社会责任是指企业在经营决策过程中，以满足多数人对该公司寄予的期望为首要条件的责任。李淑英（2007）从社会契约的视角解读了企业社会责任，她指出，在社会契约框架下，企业社会责任不是一成不变的道德约束，而是需要根据企业社会环境变化而改变，以适应和满足社会对企业的期望和要求。例如，在生产效率较为低下的半个世纪之前，企业的责任主要是以合理的价格给消费者提供合格的产品和服务。而现在，人们已经普遍认为企业需要对环境问题、社会公平等问题负责，伦理责任和慈善责任成为消费者关注的中心。

企业社会责任的代表性观点如表 2 - 3 所示。

表2-3　　　　　　　　　　　　企业社会责任的代表性观点

学者或机构	年份	社会责任的定义
谢尔顿	1924	最早提出企业社会责任的概念，把企业社会责任与公司经营者满足产业内外各类人群需要的责任联系起来，包含了道德因素
鲍恩	1953	在其出版的《企业家的社会责任》一书中提出了现代企业社会责任概念，即企业追求自身权利的同时必须尽到责任和义务
弗雷德曼	1962	企业的社会责任就是增加利润，强调企业是纯粹的经济机构
麦克奎尔（McGuire）	1963	主张公司不仅有经济和法律方面的义务，还要承担其他社会责任
戴维斯	1975	社会责任是决策者的义务，决策者在追求自我利益时必须采取行动以保护和增进社会公益
雷蒙德（Raymond）	1976	企业社会责任是认真思考公司行为对社会的影响
卡罗尔	1979	企业社会责任意指某一特定时期社会对组织所寄托的经济、法律、伦理和自由决定的期望，包括经济责任、法律责任、伦理责任和慈善责任
爱普斯坦（Epstein）	1987	企业社会责任主要指组织对特别问题的决策应对利益相关者有益而不是有害，主要关注企业行为结果的规范性、正确性
伍德（Wood）	2013	企业社会责任是企业和社会互动的基本理念，包括制度层次的合法性、组织层次的公共责任和个人层次的管理自主等原则
埃尔金顿	1997	三重底线概念：企业不仅应该关注其财务结算底线，同时也应该关心公司对社会公正和生态环境的影响
美国经济发展委员会	1971	"三个中心圈"的定义：内圈代表企业的基本社会责任，即为社会提供产品、工作机会并促进经济增长的职能；中间圈是指企业在实施经济职能时，对其行为可能影响的社会和环境承担责任，如保护环境、合理对待雇员等；外圈包含更大范围地促进社会进步的其他无形责任，如消除社会贫困等
世界银行	2003	企业与关键利益相关者的关系、价值观、遵纪守法以及尊重人、社区和环境有关的政策和实践的集合，是企业为改善利益相关者的生活质量而贡献于可持续发展的一种承诺
世界经济论坛	2003	作为企业公民的社会责任包括：好的公司治理和道德标准；对人的责任；对环境的责任；对社会发展的广义贡献

续表

学者或机构	年份	社会责任的定义
刘俊海	1999	公司社会责任是指公司不能仅仅以最大限度地为股东们营利或赚钱作为自己存在的唯一目的，而应当最大限度地增进股东之外的其他所有社会利益
刘连煜	2001	公司社会责任指营利性的公司，于其决策机关确认某一事项为社会上多数人所希望后，该营利性公司便应放弃营利之意图，以符合多数人对该公司的期望
卢代富	2004	所谓企业社会责任，指企业在谋求股东利润最大化之外所负有的维护和增进社会利益的义务
王怀明和宋涛	2007	企业社会责任是对其利益相关者（包括政府、员工、投资者和公益事业等）所应承担的以社会利益为目标的必要责任
李淑英	2007	在社会契约框架下，企业社会责任不是一成不变的道德约束，而是需要根据企业社会环境变化而改变，以适应和满足社会对企业的期望和要求。现今企业社会责任主要指的是企业的伦理和慈善责任

资料来源：根据相关文献整理。

在众多的定义中，卡罗尔"金字塔"和利益相关者的观点能够最好地体现综合简洁性、操作性与通用性3个核心因素。因此，本书将企业社会责任界定为：在某一特定时期内，企业的利益相关者对组织所寄托的经济、法律、伦理和慈善的期望，包括经济责任、法律责任、伦理责任和慈善责任。

第三节　企业社会责任的维度与测量

一、企业社会责任的维度划分

在企业社会责任的维度问题上，目前，卡罗尔（Carroll，1979、1999）

的"金字塔"四维度模型受到了最多的认可。如前所述，卡罗尔将企业社会责任划分为 4 个维度，分别是经济责任、法律责任、伦理责任以及慈善责任。经济责任强调企业对股东的经济上的责任；法律责任强调企业需要遵守相关法律法规、合法经营的责任；伦理责任强调企业在经营管理时致力于实现社会公平和正义的责任；慈善责任强调企业积极参与到向社会表达善意的慈善捐款责任。在他的观点中，企业的社会责任是有层次的，从低到高分别是经济责任、法律责任、伦理责任以及慈善责任。

卡罗尔的"金字塔"模型根据责任的性质清晰地划分了企业的各种社会责任，并对不同的社会责任进行比较分析。该观点清晰易解，对企业社会责任内容的界定有着明显的突破，成为目前分析企业社会责任的最重要理论之一。然而，该模型也存在着以下几点不足：第一，"金字塔"中不同层次的责任之间往往存在交叉重叠的地方，对具体社会责任界限的划分不够清晰，如伦理责任中已经包含了部分慈善责任的内容。第二，该模型通过责任属性来划分社会责任类别显得比较抽象，对象和内容都不够明确，难以实证检验，也不利于企业管理者的实际应用（郑海东，2007；辛杰，2009）。第三，在卡罗尔的定义中，环境责任这一重要的责任并没有得到体现。为了弥补"金字塔"模型的不足之处，施瓦茨和卡罗尔（Schwartz & Carroll，2003）提出了新的社会责任结构模型，将"金字塔"模型中的伦理维度和慈善维度合并为单一维度，即伦理维度。两位学者进一步将原来的"金字塔"结构变为三个领域交叉的维恩图结构，并根据不同领域之间的交叉情况把企业社会责任分为七种情况。此外，根据某一个领域在总领域所占的权重，他们把企业社会责任分为四类：经济责任导向型、法律责任导向型、伦理责任导向型和平衡责任导向型。该模型比原模型更加合理，但不同社会责任间界限模糊的问题并没有得到有效解决。美国经济发展委员会提出的"三个中心圈"与埃尔金顿提出的"三重底线"这两种划分方式与卡罗尔的划分方式有着相似的利弊。三种定义的划分都较为简洁易懂，易于理解，却都在具体责任的界定和实践操作上存在模糊不清的问题。

　　此外，从利益相关者理论出发，部分学者认为，企业社会责任具有情境性，需要针对不同的利益相关者对企业社会责任的维度进行具体划分。如亨利克斯和萨多斯基（Henriques & Sadorsky，1999）认为，企业的利益相关者有四类，分别是组织利益相关者（包括顾客、员工、股东）、社区利益相关者（如社区当地居民）、监管利益相关者以及大众媒体利益相关者。KLD 公司根据克拉克森（Clarkson，1995）对基础利益相关者与边缘利益相关者的划分，将企业社会责任划分为员工相关的责任、产品相关的责任、环境相关的责任、多样性相关的责任以及社区相关的责任。达尔斯拉德（Dahlsrud，2008）根据对 37 个现有的定义进行归纳总结，将企业社会责任划分为 5 个维度，分别是环境维度、社会维度、经济维度、利益相关者维度以及自愿性维度。我国的谷慧敏等（2011）也作出了尝试，认为企业社会责任可以分为两个维度——基础型社会责任和升华型社会责任，前者包括员工责任以及股东责任，后者包括顾客责任、社区责任、社会舆论责任、当地政府责任等。无论是不同学者何种方式的划分，基于利益相关者理论的企业社会责任维度划分，都存在对情境有着严重依赖性的局限，难以对情境外的问题进行有效指导。如制造企业的利益相关者区别于服务业，服务业中的旅游业区别于银行业，旅游业中的酒店企业区别于旅游开发商，即使是具体到酒店企业，城市酒店也需要区别于景区景点酒店。但是，基于利益相关者的企业社会责任维度划分也有一个不可忽视的优势，这种划分方式无论是对具体研究的理论深度，还是对具体实践过程的操作，都有很高的借鉴指导意义。

　　基于利益相关者理论，部分学者只针对某一具体的利益相关者对社会责任维度进行划分。从企业管理者的视角出发，巴苏和帕拉佐（Basu & Palazzo，2008）从认知、语言、意动 3 个维度来刻画企业社会责任。其中，认知维度是关于"企业在想什么"的体现，涉及组织成员对组织使命、任务等问题的认知，以及对组织共识、价值观等的认知。语言维度是关于"企业在说什么"的认识，涉及组织向社会公众和利益相关者沟通自己业务和社会责任履行情况。通过企业的正当化的宣传、沟通用语，可以增加企业社会责任报告透明化程序与行为的合法性，避免虚假宣传等问题。意动维度涉及企业对利益相关者期望和需求的反应姿态，以及具体的社会责任行为，即企业是否如其宣传一样，积极履行社会责任，是否向组织员工传达企业社会责任行为的精神等。这个模型以这三个维度为标准，能够更好地揭示组织的认知和行为特征，解释不同企业在面对企业社会责任时的不同反应和行为，并区分社会责任品质良好和恶劣的组织。但是，该模型的维度划分过于抽象，难以操作化，在后续的研究中，没有相对应的测量方式，有待学者的进一步研究。也有部分学者从企业员工以及消费者的角度出发划分企业社会责任的维度，如李等（Lee et al.，2012）从服务员工的角度将员工感知的企业社会责任划分为4个维度；从消费者的角度出发，利奇滕斯坦等（Lichtenstein et al.，2004）对消费者感知的企业社会责任作为一个单独维度进行研究。但无论是从员工的角度还是从消费者的角度，学者们基本上延续了基于管理者的角度出发的研究，或者照搬已有的维度划分方式，或者只针对某一个或两个维度进行研究，其优缺点如表2-4所示。

表2-4　　　　企业社会责任维度划分的代表观点及优缺点

理论或视角	作者或机构	年份	维度	优点	缺点
四责任视角	卡罗尔	1979	经济责任、法律责任、伦理责任以及慈善责任	清晰划分了企业的各种社会责任并进行比较分析	维度界限不够清晰、类别较抽象、难以实证检验与实际应用、缺少环境责任
利益相关者理论	KLD公司	1995	员工相关的责任、产品相关的责任、环境相关的责任、多样性相关的责任、社区相关的责任	提高了具体研究的理论深度以及具体实践过程的操作性	划分对情境有着严重的依赖性，对情境外的问题缺乏指导作用
	古和克里斯（Gu & Chris）	2011	尊重个人的责任、对伦理标准的相对容忍度、社会中的地位、采取的商业行为、承担的社会责任		

续表

理论或视角	作者或机构	年份	维度	优点	缺点
利益相关者理论	格罗斯比斯（Grosbois）	2011	环境责任、员工责任、多样性责任、社区福利责任以及经济责任	提高了具体研究的理论深度以及具体实践过程的操作性	划分对情境有着严重的依赖性，对情境外的问题缺乏指导作用
	达尔斯拉德	2008	环境维度、社会维度、经济维度、利益相关者维度以及自愿性维度		
	谷慧敏等	2011	员工责任、股东责任、顾客责任、社区责任、社会舆论责任、当地政府责任		
企业管理者视角	巴苏和帕拉佐	2008	认知、语言、意动	有助于区分不同组织的企业社会责任实践情况	维度划分过于抽象，难以操作化，没有相对应的测量方式

从表 2-4 可以看出，从不同的利益相关者角度出发，有着不同的维度划分方式，这些相异的划分方式都能在某种程度有力地说明企业社会责任的维度问题，然而却都有自身的缺陷。卡罗尔和布赫霍尔茨（Carroll & Buchholtz, 2004）在他们的著作《企业与社会——伦理和利益相关者的管理》中提出了利益相关者——企业社会责任矩阵（见表 2-5），结合了卡罗尔的"金字塔"模型以及利益相关者理论，根据企业本身的诉求以及利益相关者的需求，为我们更好地理解企业社会责任的维度问题提供了一个简洁有效的工具。

表 2-5　　　　　　利益相关者——企业社会责任矩阵

利益相关者类型	经济责任	法律责任	伦理责任	慈善责任
股东				
员工				
消费者				

续表

利益相关者类型	经济责任	法律责任	伦理责任	慈善责任
社区				
供应商				
社会压力群体				
政府部门				
……				

二、企业社会责任的测量

在关于企业社会责任测量的问题上，伊加朗和冈德（Igalens & Gond，2005）归纳总结得出了国外五种测量企业社会责任的方法，具体包括：基于企业社会责任报告的内容分析测量、基于调查问卷的数据测量、基于环境污染指数的测量、基于第三方专业评估机构的企业社会责任调研报告的测量以及基于声誉指标的测量。发展至今，国内外最为常用的方法包括：利益相关者贡献法、KLD 指数法、内容分析法、问卷调查法和声誉评价法。这可以大致分为政府机构及第三方组织的测量、专业的社会责任研究数据库以及学术界的测量方法。

最早对企业社会责任进行测量的政府机构是美国经济优先委员会，该委员会在 1971 年采用一套名为 CEP 的指数对 24 家造纸公司在控制污染方面的表现进行排名，最终得出不同公司的企业社会责任声誉数值，该测量主要是以企业的污染情况为标准，测量企业的环境责任。较为正式正规的机构测量，是由《财富》杂志自 1982 年起以电话和信件的方式，对其榜单上公司的外部董事、金融分析师以及高层管理者进行的企业声誉调研。受访者被要求对被提名的 300 家《财富》排行榜上的大企业按照 8 个特征进行打分，最后取各项特征的算术平均数作为企业的社会责任分值。然而，该测量的 8 个特征中只有 4 个是关于企业社会责任方面的，分别是创新性、产品或服务质量、吸引和保留员工、社区和环境责任，另外 4 个特征是关于企业财务方面的特征，分别是管理质量、长期投资价值、财务合理性、资产运用。虽然该测量能较好地评估一个企业的社会责任状况，但是，由于企业财务方面的指标对最终结果影响甚大，且无法有效区分企业声誉财务方面与非财务方面的影响（Fryxell & Wang，1994），因此受到了不少学者的质疑。在后续的发展中，《财富》杂志针对财富 500 强榜单，根据它们的企业社会责任报告等对外公开信息对企业履行的社会责任进行了综合评价，并最终计算出一份"企业社会责任排行榜"的榜单。由于该榜单在计算方式和计算标准方面的透明性，受到了学术界和实践界的一致认可。然而，《财富》杂志的企业社会责任排行榜只对 500 强企业进行，对学术研究具有一定的制约性，也对大量的中小企业缺乏指导意义。

专业的社会责任研究数据库有很多，其中，最有名的是美国的 KLD 公司根据本公司数据库开发的 KLD 指标。KLD 指标的信息源来自 800 个上市公司的社会责任相关报告，对员工关系、产品质量、生态环境等 9 个方面的数据进行汇总评价。KLD 指标有着其良好的构思效度、全面的关注点、客观的数据来源，该指标被企业社会责任研究者广泛使用。

在研究层面，学者们更多采用的是量表测量的方式。奥佩勒等（Aupperle et al.，1985）在回顾了以往测量方法不足的基础上，根据卡罗尔的"金字塔"模型，开发了相应量表，对企业的经济责任、法律责任、伦理责任以及慈善责任进行了测量。他们通过了严格的信度和效度检验，得到了一份具有 20 个题项的量表，该量表能很好地测量被调查人对企业社会责任的态度和看法，为企业社会责任更进一步的研究提供了良好的基础。井上和李（Inoue & Lee，2011）在 KLD 指标的基础上，开发了一个具有 28 个题项的 5 维度量表，5 个维度分别为员工相关责任、产品质量责任、社区相关责任、环境保护责任以及多样性责任。也有学者通过对企业的访谈开发社会责任测量量表，如蔡等（Tsai et al.，2012）开发的 6 维度 30 题项的员工社会责任感知量表。此外，学者们还经常使用到内容分析法对社会责任进行测量，他们通过阅读整理企业的企业社会责任报告、可持续发展报告等相关资料，归纳总结出企业的社会责任实践状况。郑海东（2007）基于利益相关者的视角，开发的 3 维度（对内部人责任、对外部商业伙伴责任、公共责任）33 测量题项的量表也给学术界提供了有价值的参考。学术界中企业社会责任测量方法的代表性观点如表 2 - 6 所示。在目前学术研究过程中，结合欧美的学术成果和我国的社会责任信息现状，我国学者主要选用内容分析法和问卷调查法对社会责任进行测量。

表 2 - 6 　　　　　学术界中企业社会责任测量方法代表性观点

理论或视角	作者或机构	年份	维度	题项
金字塔模型	奥佩勒等	1985	经济责任、法律责任、伦理责任以及慈善责任	20
金字塔模型及员工的理解	李等	2012	经济责任、法律责任、伦理责任以及慈善责任	26
KLD 指标	井上和李	2011	员工相关责任、产品质量责任、社区相关责任、环境保护责任以及多样性责任	28
企业社会责任报告	格罗斯布瓦（de Grosbois）	2011	环境目标、雇佣质量、多样性与可达性、社会/社区福利、经济发展	33
利益相关者	郑海东	2007	内部人责任、外部商业伙伴责任、公共责任	33

第四节　企业社会责任研究述评

目前，关于企业社会责任的研究主要可以划分为三个主要的领域，分别是企业社会责任的理论基础研究、企业社会责任的动因研究，以及企业社会责任行为与企业绩效的关系研究。

一、企业社会责任的理论基础研究

企业社会责任的第一个研究领域是关于企业社会责任的理论基础研究。在企业社会责任问题提出后，企业经历了拒绝承担、推脱承担、被迫承担，最后到愿意承担社会责任的过程，学术界也随之有了不同的研究成果。从企业社会责任理论的发展过程来看，拒绝承担采用的是社会达尔文主义的消极社会责任观，被迫承担社会责任采用的是股东主权至上的间接社会责任观，愿意承担社会责任则采取了利益相关者权益的积极社会责任观（王世权和李凯，2009）。在目前关于企业社会责任的理论解释上，有利益相关者理论、社会契约论、企业公民理论、企业契约理论、企业系统理论、法律责任论、社会责任层级理论和经济伦理学等相关理论基础（赵琼，2007；袁仁书，2019）。其中，利益相关者理论和社会契约论被认为是对企业社会责任问题最有解释力度的两个理论。

利益相关者理论由美国斯坦福研究所（1963）提出，并由弗雷曼（1984）正式建立。斯坦福研究所认为企业对其息息相关的利益相关者负有一定的社会责任。弗雷曼进一步界定了利益相关者的范围，他强调企业的利益相关者是所有影响企业经营管理和被企业的经营管理所影响的群体或个人。对于一个企业而言，其利益相关者主要有股东、供应商、雇员、消费者、企业债权人等，也包括政府部门、当地社区、本地居民、媒体。利益相关者理论的核心观点认为，企业与其利益相关者有着相互依存的紧密关系，任何一个企业的发展都离不开利益相关者的贡献。企业应该从利益相关者的整体利益的角度进行经营，而不仅仅是追求企业自身的利益。各利益相关者都为企业的生存和发展注入了一定的专用性投资，他们或是分担了一定的企业经营风险，或是为企业的经营活动付出了代价，企业的经营决策必须要考虑他们的利益，并给予相应的报酬和补偿（陈宏辉和贾生华，2003）。管理者只有从利益相关者角度出发管理企业，才能获得可持续的健康发展。

与利益相关者理论不同，社会契约理论是用作解释个人与政府之间适当关系的一种社会学说，后来被广泛运用于个人与组织、组织与社会之间的关系研究中。社会契约理论主张个体融入组织、企业融入社会是一个相互认同的过程。现代企业理论认为企业是包括一系列显性契约和隐性契约的实体，这种契约由不同个体之间的复杂关系组成（Jensen & Meckling，1976）。社会契约理论在企业社会责任方面主要有 3 个方面的观点，分别是工具主义的观点、规范性观点以及综合性观点。工具主义的观点将履行企业社会责任作为企业的一种经营管理的工具或手段，认为企业承担社会责任能够实现其经营目标（Jones，2006）。与此相反，规范性观点将企业社会责任从企业经营目的中区分开来，强调社会责任是企业的一种伦理责任，与企业的经营目标无关（Donaldson & Preston，1995）。可以看出，规范性观点摒弃了将社会责任作为经营手段的理解，从更根本的价值判断视角来要求企业履行相对应的社会责任，承担社会责任既不是目的，也不是为了达到某种目的而采取的手段，而是企业作为社会系统中的一员，必须承担的对社会有益的责任（Clarkson，1995；Mitchell & Wood，1997）。从规范性观点和工具主义出发，唐纳森和邓飞（Donaldson & Dunfee，1994）进一步将企业与利益相关者间所遵循的所有契约形式总称为综合性社会契约。综合性社会契约理论认为，由于工具性观点将社会责任与企业经营绩效联系在一起，使企业及其所有者在短期内更容易接受社会责任，是倡导企业履行社会责任的有效途径。相比而言，规范性观点从企业与利益相关者间的契约关系出发，明确了企业承担社会责任的本质，指明了企业在社会责任方面的长期发展方向。

二、企业社会责任的动因研究

企业社会责任的第二个研究领域是关于企业社会责任的动因研究。通过文献回顾和逻辑推导，赫斯特德和萨拉查（Husted & Salazar，2006）总结了企业实施企业社会责任主要有三个可能的动机。第一个可能的动机是利他主义（Altruism）动机。基于利他主义而实施企业社会责任行为的企业是真诚地希望承担社会责任，愿意为社会的福利和进步尽一份力，而不会考虑企业社会责任活动带来的成本或收益问题。第二个可能的动机是受威迫的利己主义（Coerced Egoism）动机。基于受威迫的利己主义而实施企业社会责任行为的企业只是因为法律或者其他规章制度的强迫性要求，才被动地承担社会责任。第三个可能的动机是战略动机，也就是企业的利己动机。基于战略动机实施企业社会责任的企业将企业社会责任行为作为一项战略行为执行，持该观点的管理者往往会认为企业社会责任行为所带来的收益比其付出的成本要更高。从该观点出发，企业社会责任的实施是有利可图的，能给企业带来更高的利润，是企业在竞争中取胜的战略措施（Husted & Salazar，2006）。无论是从利他主义出发还是从利己主义出发，对企业的企业社会责任都有着很强的解释力度。在实践操作中，企业管理者履行企业社会责任的原因，往往既有利己动机，也有利他动机，两者不是相互替代，而是兼而有之的（Jensen，1998）。刘伯恩（2014）从综合性原因、经济绩效、竞争优势、利益相关者导向、企业声誉等多个角度归纳现有的关于企业社会责任的动因研究。袁仁书（2019）从利益相关者理论、合规性理论和非正式制度理论等视角归纳企业社会责任的动因研究。综合已有研究，企业履行社会责任的动机是多样的，如外部压力、内部动力、希望提高利益相关者的评价、提高竞争优势、寻求政治资源等均可以是其动机。

三、企业社会责任行为与企业绩效的关系研究

企业社会责任的第三个研究领域是关于企业社会责任行为与企业绩效的关系研究，该领域是目前最主流也是最受争议的研究。企业绩效包括以股价为指标的市场绩效，以财务收入为指标的财务绩效，以品牌资产为指标的品牌绩效，以消费者企业评价、产品偏好、满意度等为基础的消费者绩效。目前学术界关于企业社会责任与企业绩效的关系研究主要集中在：

企业社会责任与企业绩效是否相关？如果相关，两者之间是否存在因果关系（Preston & Bannon，1997）。普雷斯顿和班农（Preston & Bannon，1997）将各种不同的观点归纳为 5 种理论假说：第一，社会影响假说，即企业履行社会责任越好，则企业的社会形象就越好，其财务绩效也就越高；第二，权衡假说，即由于资源的有限性，企业只能在不同利益相关者之间进行权衡，如果履行社会责任，就会影响股东的利益，对企业财务绩效产生负面影响；第三，资金供给假说，即尽管企业社会责任与企业财务绩效之间呈正相关关系，但由于企业履行社会责任取决于企业所能够提供的资源，因此企业的财务绩效会影响企业社会责任，而不是反过来；第四，管理者机会主义假说，即按照委托代理理论，当管理者报酬与企业财务绩效相联系时，管理者出于对自身利益的考虑，就会减少对企业社会责任的支出以增加现金流，从而导致企业财务绩效与企业社会责任之间呈负相关关系；第五，协同效应假说，即企业社会责任与企业财务绩效之间的关系是相互影响、相互作用的，但这种相互关系可能为正也可能为负。普雷斯顿和班农提出的这 5 种理论假说为现有的各种迥异的实证研究结果提供了丰富的理论支持，也预示着相互矛盾的研究结果的存在。

　　总的来说，此领域的研究结果呈现多元化，可归结为负相关关系、正相关关系和其他关系等三种结论。负相关论者认为，企业在社会责任方面的投入给企业带来了额外的经营成本，却不能给企业带来收益，降低了企业的竞争力，因此企业不应该承担社会责任（Vance，1975；Ullmann，1985）；企业的净资产收益情况、总资产收益情况和净利润平均每年实际增长情况与企业社会责任投入呈现显著负相关关系（Makni et al.，2009）；企业净资产收益率与企业社会责任信息披露是显著负相关关系（李正基，2006）；企业净资产收益和托宾 Q 值、企业环境维护及治理的费用投入呈现显著负相关关系（Lioui et al.，2012）；企业社会责任评级的上升与负的未来股票回报以及企业 ROA 的下降相关（Di Giuli & Kostovetsky，2014）。

　　与此相对应，正相关关系论强调履行企业社会责任可以给企业带来正向的影响，例如，提高消费者对企业的认可（Brown & Dacin，1997；Sen & Bhattacharya，2001；Berens et al.，2005）、增强品牌和影响力（Houston & Johnson，2000；Luo & Bhattacharya，2006）、减少广告支出进而降低经营成本（McWilliams & Siegel，2001）、吸引人才及投资者的亲睐（Bhatta-charya & Sen，2004；Maignan & Ferrel，2004；McWilliams et al.，2006）、促进企业获得高经济效益（Oeyono J et al.，2011；Mustafa，2012；钱瑜，2013；Kang & Liu，2014）、提升企业当期价值的创造并对后一期的企业价值起明显的促进作用（Wang & Chen，2017）、提升企业社会声誉（Sun，2017）以及推动创新（Belas et al.，2021）等。

最后，部分学者认为，企业社会责任和企业绩效之间不存在显著关系。企业在承担社会责任过程中增加的成本，会被由此引起的收益相抵消，表现为企业社会责任与财务绩效不相关（Aupperle et al.，1985）。亚历山大和布赫霍尔茨（Alexander & Buchholz，1978）、苏布罗托（Subroto，2003）、刘想和刘银国（2014）等研究的结论发现企业社会责任与企业绩效不相关。

四、小结

综上所述，企业社会责任研究可以划分为两大阶段。第一阶段是理论学家关于企业是否应承担社会责任的问题的辩论。这一阶段的研究主要以企业伦理和企业道德为基础，从道德标准和哲学层面讨论企业是否应承担社会责任，分析企业履行社会责任的根据，界定企业社会责任的内涵。随着理论研究的深入和实践经验的积累，越来越多的学者和企业家认可了企业社会责任的理论正当性和实践正当性。第二阶段是如何能更好地履行企业社会责任。这一阶段研究的重点从"为什么"转向"是什么"与"如何做"。其主要是解决企业为谁负什么样的责任的问题，即明确企业社会责任的内涵与界限。通过上述文献梳理发现，研究角度和研究需要不同，这些问题的回答就会不同。虽然回答多样，但是由于理论研究和实证研究的持续发展，特别是利益相关者理论的建立和完善后，企业社会责任的内涵和外延的界定越来越一致。不过由于利益相关者涉及广泛，企业社会责任仍是一个多维度的概念。

"有生者必有死，有始者必有终，自然之道也"。企业在经营过程中会面对诸多内在或外在不利因素，当企业经营不善或资源紧缺时，不可避免地面临终止承担社会责任的问题。因此，仅关注企业是否应该承担社会责任、企业应该如何履行企业社会责任实践等问题，忽略企业如何终止社会责任实践的相关研究，是现有研究的第一个不足之处。此外，利益相关者理论要求企业不仅对股东负责，还要对员工、顾客、社区、环境等利益相关者负责。作为一个涉及多利益相关者的企业活动，现有关于企业社会责任的研究往往只针对某一特定的利益相关者进行，缺乏系统性和全面性，此为现有研究的第二个研究不足。总体而言，以往的研究主要是针对某一利益相关者展开静态策略型研究，缺乏结合多个利益相关者与企业现状的动态分析，忽视了终止社会责任实践的可能性，也忽略了如何停止企业社会责任问题的研究。

本章参考文献

[1] 波斯纳. 法律的经济分析（下）[M]. 蒋兆康，译. 北京：中国大百科全书出版社，1997，544 - 547.

[2] 陈宏辉，贾生华. 企业社会责任观的演进与发展：基于综合性社会契约的理解 [J]. 中国工业经济，2003（12）：85 - 92.

[3] 谷慧敏，李彬，牟晓婷. 中国饭店企业社会责任实现机制研究 [J]. 旅游学刊，2011（4）：56 - 65.

[4] 金立印. 企业社会责任运动测评指标体系实证研究——消费者视角 [J]. 中国工业经济，2006（6）：114 - 120.

[5] 李淑英. 企业社会责任：概念界定、范围及特质 [J]. 哲学动态，2007（4）：41 - 46.

[6] 刘伯恩. 组织合法性视角下矿业企业社会责任驱动机理研究 [D]. 中国地质大学，2014.

[7] 刘俊海. 公司的社会责任 [M]. 北京：法律出版社，1999.

[8] 刘连煜. 公司治理与公司社会责任 [M]. 北京：中国政法大学出版社，2001.

[9] 刘想，刘银国. 社会责任信息披露与企业价值关系研究——基于公司治理视角的考察 [J]. 经济学动态，2014 (11)：89 - 97.

[10] 卢代富. 企业社会责任的经济学与法学分析 [M]. 北京：法律出版社，2002.

[11] 钱瑜. 企业社会责任和企业绩效的典型相关分析——基于利益相关者视角 [J]. 企业经济，2013 (3)：79 - 82

[12] 王怀明，宋涛. 我国上市公司社会责任与企业绩效的实证研究——来自上证180指数的经验证据 [J]. 南京师大学报（社会科学版），2007 (2)：58 - 62.

[13] 王世权，李凯. 企业社会责任解构：逻辑起点、概念模型与履约要义 [J]. 外国经济与管理，2009 (6)：25 - 31

[14] 辛杰. 利益相关者视角下的企业社会责任研究——以山东省1400家企业问卷调查为例 [J]. 山东大学学报（哲学社会科学版），2009 (1)：120 - 126.

[15] 袁仁书. 中国企业社会责任驱动研究 [D]. 厦门大学，2018.

[16] 赵琼，张应祥. 跨国公司与中国企业捐赠行为的比较研究 [J]. 社会，2007 (5)：144 - 161.

[17] 郑海东. 企业社会责任行为表现：测量维度、影响因素及对企业绩效的影响 [D]. 浙江大学，2007.

[18] Abagail McWilliams, Donald S. Siegel Patrick M. Wright. Corporate social responsibility: Strategic implications [J]. Journal of Management Studies, 2006 (1)：1 - 18.

[19] Alexander, Dahlsrud. How corporate social responsibility is defined:

an analysis of 37 definitions ［J］. Corporate Social Responsibility & Environmental Management, 2008, 15 (1): 1 - 13

［20］ Alexander G J, Buchholz R A. Corporate social responsibility and stock market performance ［J］. Academy of Management Journal, 1978, 21 (3): 479 - 486.

［21］ Backman, J. Social Responsibility and Accountability ［M］. New York: New York University Press, 1975.

［22］ Basu K, Palazzo G. Corporate social responsibility: A process model of sensemaking ［J］. Academy of Management Review, 2008, 33 (1): 122 - 136.

［23］ Belas J, Çera G, Dvorsky J, et al. Corporate social responsibility and sustainability issues of small-and medium-sized enterprises ［J］. Corporate Social Responsibility and Environmental Management, 2021, 28 (2): 721 - 730.

［24］ Berens G, van Riel C B M, van Bruggen G H. Corporate associations and consumer product responses: The moderating role of corporate brand dominance ［J］. Journal of Marketing, 2005, 69 (3): 35 - 48.

［25］ Berle A A. Corporate powers as powers in trust ［J］. Harvard Law Review, 1931, 44 (7): 1049 - 1074.

［26］ Berle A A. Modern functions of the corporate system ［J］. Columbia Law Review, 1962, 62 (3): 433 - 449.

［27］ Bhattacharya C B, Sen S. Doing better at doing good: When, why, and how consumers respond to corporate social initiatives ［J］. California Management Review, 2004, 47 (1): 9 - 24.

［28］ Bowen H R. Business management: A profession? ［J］. The Annals of the American Academy of Political and Social Science, 1955, 297 (1): 112 - 117.

［29］ Bowen H R. Social Responsibilities of the Businessman ［M］. New

York: Harper & Row, 1953.

[30] Brown T J, Dacin P A. The company and the product: Corporate associations and consumer product responses [J]. Journal of Marketing, 1997, 61 (1): 68 – 84.

[31] Carroll A. A three-dimensional conceptual model of corporate performance [J]. The Academy of Management Review, 1979, 4 (4): 497 – 505.

[32] Carroll A. Corporate social responsibility: evolution of a definitional construct [J]. Business & Society, 1999, 38 (3): 268 – 295

[33] Carroll P M A B, Buchholtz A B. Business and Society: Ethics and Stakeholder Management (5th Edition) [M]. South – Western College Pub, California, 2004.

[34] Clark J M. The changing basis of economic responsibility [J]. Journal of Political Economy, 1916, 24 (3): 209 – 229.

[35] Clarkson M E. A stakeholder framework for analyzing and evaluating corporate social performance [J]. Academy of Management Review, 1995, 20 (1): 92 – 117.

[36] Davis K. Five propositions for social responsibility [J]. Business horizons, 1975, 18 (3): 19 – 24.

[37] Di Giuli A, Kostovetsky L. Are red or blue companies more likely to go green? Politics and corporate social responsibility [J]. Journal of Financial Economics, 2014, 111 (1): 158 – 180.

[38] Dodd E Merrick. For whom are corporate managers trustees? [J]. Harvard Law Review, 1932, 45 (7): 1145 – 1163.

[39] Donaldson T, Preston L E. The stakeholder theory of the corporation: Concepts, evidence, and implications [J]. Academy of Management Review, 1995, 20 (1): 65 – 91.

[40] Dunfee T W. Business ethics in Russia: business ethics in the new

Russia: a report [J]. Business Ethics A European Review, 1994, 3 (1): 1 – 3.

[41] Eells R. Conceptual Foundations of Business [M]. Richard Irwin: Homewood, 1974.

[42] Elkingtion J. Cannibals with Forks: The Triple Bottom Line of 21st Century Business [M]. Capstone Publishing Ltd. , Oxford UK, 1997.

[43] Epstein E M. The corporate social policy process: Beyond business ethics, corporate social responsibility, and corporate social responsiveness [J]. California Management Review, 1987, 29 (3): 99 – 114.

[44] Frederick W C. The growing concern over business responsibility [J]. California Management Review, 1960, 2 (4): 54 – 61.

[45] Freeman R E. Strategic Management: A Stakeholder Approach [M]. Boston: Pitman, 1984.

[46] Friedman M. A Friedman doctrine: The social responsibility of business is to increase its profit [J]. New York Times Magazine, 1970, 33 (1): 32 – 33.

[47] Friedman M. Capitalism and Freedom [M]. University of Chicago Press, 1962.

[48] Fryxell G E, Wang J. The fortune corporate 'reputation' index: reputation for what? [J]. Journal of Management, 1994, 20 (1): 1 – 14.

[49] Grosbois D D. Corporate social responsibility reporting by the global hotel industry: commitment, initiatives and performance [J]. International Journal of Hospitality Management, 2012, 31 (3): 896 – 905.

[50] Gu H, Chris R. Ethics and corporate social responsibility: an analysis of the views of chinese hotel managers [J]. International Journal of Hospitality Management, 2011, 30 (4): 875 – 885.

[51] Hayek F A von. The corporation in a democratic society: in whose interest ought it to and will it be run? [M]. Studies in Philosophy, Politics and Economics: London, 1969, 300 – 312.

［52］Henriques I, Sadorsky P. The relationship between environmental commitment and managerial perceptions of stakeholder importance ［J］. The Academy of Management Journal, 1999, 41（1）: 89 - 99.

［53］Houston M, Johnson S. Buyer-supplier contracts versus joint ventures: Determinants and consequences of transaction structure ［J］. Journal of Marketing Research, 2000, 37（2）: 1 - 15.

［54］Hsu P H, Liang H, Matos P. Leviathan Inc. and Corporate Environmental Engagement ［J］. Management Science, 2021.

［55］Husted B W, José De Jesus Salazar. Taking friedman seriously: Maximizing profits and social performance ［J］. Journal of Management Studies, 2010, 43（1）: 75 - 91.

［56］Igalens J, Gond J P. Measuring corporate social performance in france: A critical and empirical analysis of ARESE data ［J］. Journal of Business Ethics, 2005, 56（2）: 131 - 148.

［57］Jensen M. Foundations of Corporate Strategy ［M］. Cambridge, MA: Harvard University Press, 1998.

［58］Jones P, Comfort D, Hillier D. Reporting and reflecting on corporate social responsibility in the hospitality industry: A case study of pub operators in the UK ［J］. International Journal of Contemporary Hospitality Management, 2006, 18（4）: 329 - 340.

［59］Kang H H, Liu S B. Corporate social responsibility and corporate performance: A quantile regression approach ［J］. Quality and Quantity, 2014, 48（6）: 3311 - 3325.

［60］Levitt T. The dangers of social responsibility ［J］. Harvard Business Review, 1958, 36（5）: 41 - 50.

［61］Lichtenstein D R, Braig D B M. The effect of corporate social responsibility on customer donations to corporate-supported nonprofits ［J］. Journal of Marketing, 2004, 68（4）: 16 - 32.

［62］Lioui A, Sharma Z. Environmental corporate social responsibility and financial performance: Disentangling direct and indirect effects ［J］. Ecological Economics, 2012, 78 (6): 100 – 111.

［63］Luo X, Bhattacharya C B. Corporate social responsibility, customer satisfaction, and market value ［J］. Journal of Marketing, 2006, 70 (4): 1 – 18.

［64］Maignan I, Ferrell O C. Corporate social responsibility and marketing: An integrative framework ［J］. Journal of the Academy of Marketing Science, 2004, 32 (1): 3 – 19.

［65］Makni R, Francoeur C, Bellavance F. Causality between corporate social performance and financial performance: Evidence from canadian firms ［J］. Journal of Business Ethics, 2009, 89 (3): 409 – 422.

［66］Manne H G. The "higher criticism" of the modern corporation ［J］. Columbia Law Review, 1962, 62 (3): 399 – 432.

［67］McWilliams A, Siegel D. Corporate social responsibility: A theory of the firm perspective ［J］. The Academy of Management Review, 2001, 26 (1): 117 – 127.

［68］Meckling W H, Jensen M C. Theory of the firm: Managerial behavior, agency costs and ownership structure ［J］. Journal of Financial Economics, 1976, 3 (4): 305 – 360.

［69］Mitchell R K, Agle B. Toward a theory of stakeholder identification and salience: Defining the principle of who and what really counts ［J］. Academy of Management Review, 1997, 22 (4): 853 – 886.

［70］Mustafa S A, Othman A R, Perumal S. Corporate social responsibility and company performance in the malaysian context ［J］. Procedia – Social and Behavioral Sciences, 2012, 65 (1): 897 – 905.

［71］Oeyono J, Samy M, Bampton R. An examination of corporate social responsibility and financial performance: A study of the top 50 indonesian listed corporations [J]. Journal of Global Responsibility, 2011, 2 (1): 100 – 112.

[72] Oliver Sheldon. The Philosophy of Management [M]. London: Sir Isaac Pitman and Sons, 1924.

[73] Paul Samuelson. Readings in Economics (7th ed.) [M]. McGraw – Hill, 1973.

[74] Preston L, O'Bannon D. The corporate social-financial performance relationship [J]. Business & Society, 1997, 36 (12): 5 – 31.

[75] Schwartz M S, Carroll A B. Corporate social responsibility: A three-domain approach [J]. Business Ethics Quarterly, 2003, 13 (4): 503 – 530.

[76] Subroto P H. A correlational study of corporate social responsibility and financial performance: an empirical survey toward ethical business practices in Indonesia [D]. Capella University, 2003.

[77] Tsai H, Tsang N K, Cheng S K. Hotel employees' perceptions on corporate social responsibility: The case of Hong Kong [J]. International Journal of Hospitality Management, 2012, 31 (4): 1143 – 1154.

[78] Ullmann A A. Data in search of a theory: A critical examination of the relationships among social performance, social disclosure, and economic performance of U. S. firms [J]. Academy of Management Review, 1985, 10 (3): 540 – 557.

[79] Vance S G. Are socially responsible corporations good investment risks? [J] Management Review, 1975, 64 (8): 19 – 24.

[80] Wallich H C. Business Responsibility [J]. Newsweek, 1972 (2).

[81] Wang Y S, Chen Y J. Corporate social responsibility and financial performance: Event study cases [J]. Journal of Economic Interaction and Coordination, 2017, 12 (2): 193 – 219.

[82] Wei – Ran S, Qian – Long Y U. Executive power, external pressure and corporate social responsibility information disclosure—an empirical study based on China's tourism enterprises [J]. China Forestry Economics, 2017

(3): 85 – 89.

[83] Wood D J, Jones R E. Stakeholder mismatching: A theoretical problem in empirical research on corporate social performance [J]. International Journal of Organizational Analysis (1993 – 2002), 1995, 3 (3): 229 – 267.

[84] Yong – Ki Lee, Young "Sally" Kim, Kyung Hee Lee Dong-xin Li. The impact of CSR on relationship quality and relationship outcomes: A perspective of service employees [J]. International Journal of Hospitality Management, 2012 (3): 745 – 756.

[85] Yuhei, Inoue, Seoki, Lee. Effects of different dimensions of corporate social responsibility on corporate financial performance in tourism-related industries [J]. Tourism Management. 2011, 32 (4): 790 – 804.

第二部分 内部视角的企业社会责任

第三章

企业社会责任与员工认同

企业社会责任已经成为企业战略的重要组成部分和学术研究的焦点。目前，针对内部视角的企业社会责任研究集中在组织层面，探讨企业社会责任对企业绩效、企业声誉、企业竞争性和创新能力的影响。然而，员工作为组织中必不可少的内部利益相关者，却很少有研究考察企业社会责任如何影响员工的行为与工作绩效。因此，本章内容基于我国不同产权性质的企业背景考察企业社会责任行为对员工的组织认同与组织公民行为的影响，主要得出以下结论：（1）企业社会责任中的伦理责任能够提高员工的组织认同，经济、法律与慈善责任则不然；（2）组织认同能够有效预测员工的利他行为、利组织行为以及员工绩效；（3）组织认同在伦理责任对利他组织公民行为的影响过程中起到中介作用；（4）不同产权性质的企业在企业社会责任维度内部存在较大差异。这些结论为我国企业社会责任实践提供了一定的管理启示。

第一节 研究问题

如何平衡企业的利润目标和社会利益目标之间的矛盾是企业社会责任理论的核心（马力、齐善鸿，2005）。目前，企业社会责任涉及的领域非常广泛，企业的经营已经不仅仅以单纯盈利为目的，而是加入了更加多元化的目标（Shiri & Jafari – Sadeghi，2023）。随着企业产权涉及的边界范围不断扩大，企业与其他利益相关者之间的问题也凸显了开展企业社会责任研究的紧迫性与复杂性。

在探索企业社会责任时，员工是企业价值创造的主体，同时是企业获得核心竞争力的重要战略资源之一（李祥进等，2012），因而是企业的关键利益相关者（Guzzo et al.，2022）。此外，员工既是企业活动的直接或间接参与者，同时也是企业行为的受益者或受害者。传统的企业与员工关系随着经济形势的变化而发生了巨大的转变，管理者面临着如何保持高素质员工的忠诚度、如何协调组织与员工的利益、如何提升员工的工作效率等挑战。根据社会交换理论，如果企业能够为员工提供有竞争力的薪酬、完善的培训机制、平等的晋升机会、及时的上级支持或良好的组织文化等，员工也会给予相应的回报，如更加认真地工作、提升自身工作绩效、自觉维护企业形象等有利于企业发展的组织公民行为。因此，积极参与企业社会责任活动的公司能获得主要利益相关者（如员工）的支持和信任（Chang，2015；Lin et al.，2022）。

实践表明，在企业经营中，企业社会责任实践对员工满意度和组织认同存在积极影响。例如，国际知名的酒店管理集团希尔顿通过设立专门的社会责任部门，将社会责任纳入组织的日常运营中，强调企业对社会环境的责任，致力于维护服务经济增长环境的高质量发展。这些社会责任实践使希尔顿荣获了两项绿苹果奖，有效提高了员工对企业的认同感和满意度，也为企业树立了良好的社会形象。

尽管企业的社会责任实践不仅可以增强员工的绩效表现（Silva et al.，2022），而且对企业自身也具有积极的影响，但这一现象尚未引起学界足够重视。现有研究表明，企业的社会责任实践会更重视消费者和供应商等外部利益相关者，却有意无意地忽视了内部员工（郑海东，2007）。员工作为企业最宝贵的资产，学术界对企业社会责任与员工心理感知的研究却相对较少，对企业社会责任与员工心理感知、员工态度、行为之间关系的理解还不深入。基于此研究不足，本章试图通过讨论企业社会责任特征对员工组织公民行为的影响机制，以期为企业通过社会责任实践增强竞争能力提供理论上的支撑。

本章从员工视角，以员工对企业社会责任特征的感知为自变量，研究企业的社会责任行为是否会通过组织承诺对员工组织公民行为和工作绩效产生影响。在此基础上，本章还将分析不同产权结构对企业社会责任和经营模式的影响。通过对比国有企业、外资企业及民营企业员工对社会责任的感知，进一步研究不同情境下企业社会责任对员工行为及结果的影响，从而有针对性地提出管理启示，转换传统的员工管理思路以提升企业的经营绩效。

第二节　文献综述与研究假设

一、中国情境下不同产权性质企业的社会责任

中国企业可分为三大类：国有企业（国家控股）、私营企业（个体控股）和外资企业（外资控股）（郭洪涛，2011）。在社会主义市场经济体制中，不同产权性质的企业社会责任存在显著差异。国有企业不仅是政府干预经济的手段，还是政府参与经济的手段，是国家财政的有机组成部分。国有企业的社会责任，就是作为国家代表公众利益参与经济和干预经济的有效手段而存在（黄速建、余菁，2006）。从总体上看，国有企业的社会责任更多的是要着眼于非经济目标的实现，经济目标的实现是为非经济目标的实现所服务的。这就是很多人都持有"国有企业应该比民营企业更讲社会责任"这类观念的原因所在。冯电波（2011）认为，根据我国国有企业的特点、地位与作用，国有企业要履行政治责任，也要履行经济、道德、法律、环境资源和慈善等社会责任。赵辉和李文川（2007）认为，在社会经济转型时期，我国民营企业承担社会责任还处于比较低的层次，需要首先强调民营企业的法律责任，民营企业要从对消费者和员工承

担责任做起，逐步承担起对利益相关者的社会责任。

对不同性质的企业社会责任的学术研究已经取得了一定的进展。相关研究主要关注不同产权性质企业在社会责任驱动因素、社会责任履行情况、社会责任履行模式和社会责任行为对企业的影响等方面的差异。在驱动因素方面，田志龙和贺远琼（2005）基于海尔集团、宝洁（中国）有限公司、四川新希望集团的案例研究，首次提出中国不同性质企业（外资企业、民营企业和国有企业）的社会责任行为的驱动因素是不同的，获取经营合法性对于外资企业与民营企业尤其重要。

在社会责任总体履责情况方面，杨熠和沈洪涛（2008）对企业中高层管理人员的调查显示，国有企业、大型上市公司对社会责任的认同感更强。欧阳润平和宁亚春（2009）以 118 家国内企业为样本，研究得出所有权性质与企业社会表现呈负相关关系。陈立泰和刘倩（2011）通过对重庆市上市公司 2009 年的社会责任履责情况进行分析得出，国有企业的社会责任指数明显高于非国有企业。曾杨（2011）发现跨国企业或外资企业一直是我国企业社会责任的推进者，而中小民营企业很少有明显的企业社会责任行动。我国民营企业现阶段最关心的还是企业自身的生存与发展，只是在企业生存发展的前提下，兼顾履行企业社会责任（李文川等，2012）。

在社会责任履行模式方面，赵琼和张应祥（2007）发现，相对于中国企业来说，西方在华公司更多地把慈善捐赠与企业战略整合在一起，使捐赠行为与企业价值形象和市场开发融为一体。辛杰（2009）发现不同所有权性质的企业社会责任行为的履行模式存在较大的差异，如外资企业主要以人为本的精神和文化导向，国有企业更讲求务实的效果，大多属于关系导向和权力导向，而民营企业则更具有进取精神，大多属于创新驱动型或大视野型。

在企业社会责任对企业的影响方面，张健（2010）研究了民营企业社会责任对驱动财务绩效的有效性，研究结果显示，民营企业承担政府、环保两方面的社会责任能够促进财务绩效的提升，而承担对员工、投资者、公益和法律几个方面的社会责任不能促进财务绩效的提升。刘世云

（2012）以深沪两市广东省 A 股民营上市公司（2008～2010 年）为样本，从企业的核心利益相关者角度出发，证明了民营企业承担社会责任能给其经营绩效带来正面的影响。

目前，我国学者较多关注社会责任履行的不同程度、不同所有权性质企业社会责任的实现形式，但缺乏关于不同所有权性质下，企业社会责任对内部利益相关者——员工影响差异的系统研究。因此，本研究将以不同产权的企业作为控制变量，进一步探讨其在企业社会责任方面的差异性，为不同产权性质的行业提供更加有建设性的管理启示。

二、研究假设

（一）企业社会责任与组织认同

根据卡罗尔（Carroll，1996）针对企业社会责任的研究，企业社会责任包括经济责任、法律责任、伦理责任和慈善责任 4 个维度。从组织认同的角度来解释企业履行社会责任的益处，主要探讨两个层次：一是直观的层次，当企业关心社会、回馈社会、愿意做好企业公民的角色时，顾客或股东便会因为对企业有好的形象而愿意持续购买该公司的产品或支持公司的经营，使得公司可以创造利润（Preston，1995）；二是外部利益相关者对组织内部所引致的长远影响的反馈效果（Corley et al.，2001）。组织履行对员工的社会责任，主要体现在以下两个方面：一方面，组织为员工提供公平的薪酬、福利、工作机会、环境、赞赏以及关怀等；另一方面，组织为员工提供支持，给予其工作所需的各种资源。基于社会交换理论的互惠原则，当员工感知到组织的这种责任和关怀时将会产生回馈心理，进而提升员工的行为表现；反之，如果员工感知到组织对其社会责任付出较少时，将会打击员工的积极性和主动性，其协助组织实现组织目标的动机将会降低。因此，企业开展企业社会责任活动会对员工的态度和行为产生积极的影响，尤其是对组织公民行为（Zhao & Zhou，2019）和组织认同感

（Park & Levy，2014）。施罗德（Schrodt，2002）对组织文化与组织认同的关系做了深入研究，发现组织文化与组织认同显著相关，其中道德维度，即员工感知组织对待其组织成员公平与否等显著正向影响个体的组织认同，而企业社会责任价值观的倡导与传播会对员工形成伦理激励。斯蒂特斯和迈克尔（Stites & Michael，2011）等学者考察了企业社会责任与员工承诺之间的直接联系，并证明员工的企业社会责任感知与组织承诺呈正相关。相似地，法鲁克等（Farooq et al.，2014）的研究证明企业针对顾客、社会、非社会利益相关者以及员工的社会责任行为都能够提高员工的组织信任以及组织认同，最终提高其组织承诺。当员工感知到他们的组织履行社会责任时，他们更有可能在履行职责方面付出额外的努力，并且不太可能考虑离开公司（Hansen et al.，2011）。也就是说，当员工认为他们的组织投资于社会责任实践时，无论是内在的还是外在的（当寻求获得一些利益时），他们往往会在工作中付出额外的努力（Story & Neves，2015）。

基于上述分析，提出如下假设：

假设 3 - 1：企业社会责任对员工的组织认同程度有显著的正向影响

假设 3 - 1a：经济责任对员工的组织认同程度有显著的正向影响

假设 3 - 1b：法律责任对员工的组织认同程度有显著的正向影响

假设 3 - 1c：伦理责任对员工的组织认同程度有显著的正向影响

假设 3 - 1d：慈善责任对员工的组织认同程度有显著的正向影响

（二）组织认同与员工组织公民行为和员工绩效

本章根据威廉姆森和安德森（Williams & Anderson，1991）的研究，将组织具体区分为利组织的组织公民行为和利他人的组织公民行为。贝尔加米和巴戈齐（Bergami & Bagozzi，2000）研究了组织认同与情感承诺以及组织公民行为的关系，发现组织认同与情感承诺、组织自尊显著正相关，并且通过前两者对组织公民行为产生显著影响。范·戴克等（Van Dick et al.，2006）通过 10 个不同国家情境的样本证明对自己的组织有更强烈认同感的员工也更有可能为自己的组织付出额外的努力，并付出额外的努力来帮助同事。韩雪松（2007）研究了组织识别特征通过组织认同来对关联绩效（又称周边绩效，与组织公民行为相类似）的影响，研究认为组织认同对关联绩效两个维度，即人际促进和工作奉献均有显著的正向影响。琼斯等（Jones et al.，2013）的研究也表明组织认同有助于员工对组织目标的强烈依恋，员工为组织的成功付出额外的努力。一些研究还证明了不同类型的公民行为也与组织认同有关，如向同事和组织的其他成员扩展合作（De Roeck et al.，2016）、参与创造性的努力、提出新颖的想法以及经常并定期与他人分享知识（Farooq et al.，2017）。奇马（Cheema，2020）的研究表明，组织认同和环境取向契合都在企业社会责任感知对员工公民行为的影响中起中介作用。因此，个体对组织支持的感知水平、对组织的认同越高，或者个体对组织的外在声望感知越强烈，会产生更多的组织公民行为。

通过上述分析，提出如下假设：

假设3-2：组织认同对员工的组织公民行为有显著的正向影响

假设3-2a：组织认同对员工的利他组织公民行为有显著的正向影响

假设3-2b：组织认同对员工的组织公民行为有显著的正向影响

工作绩效是管理学中的一个非常重要的概念。绩效从对象上来讲可以分为组织绩效和员工绩效，而员工绩效的好坏直接影响组织绩效。伯纳丁（Bernardin，1984）等认为，工作绩效是个人行为产生的结果，即在一定的空间和时间内，为完成组织规定的工作职责或目标而产生的某种结果或产出的多少。波曼和摩托维德罗（Borman & Motowidio，1993）将员工绩效进一步定义为员工为实现组织目标，在工作过程中表现出所有有利于组织目标实现的并且可以通过一定手段进行观测的相关行为，这种行为的有效性是以个体对组织目标贡献程度的高低为判断标准。波曼和摩托维德罗（1993）提出了任务绩效和周边绩效的概念，并且认为任务绩效和周边绩效两个维度构成了工作绩效的全部内容，其中任务绩效是与具体的工作职责与内容密切相关的，而周边绩效不是与具体工作直接相关的，它所要考核的是成员的组织公民行为。因此，本研究中的员工绩效是指与其具体工作职责相关的任务型绩效表现。组织认同对员工的工作绩效会产生显著影响，当员工对组织产生归属感和认同感时，他们会自愿接受所在组织的文化，并在其影响下展开工作，行为表现也会与组织要求保持一致，努力去实现组织的发展。

通过上述分析，提出如下假设：

假设 3 - 3：组织认同对员工绩效有显著的正向影响

本章的研究模型如图 3 - 1 所示。

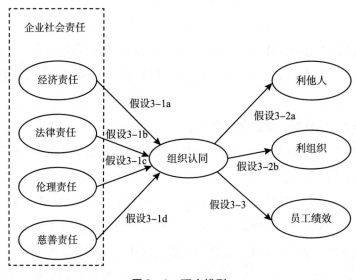

图 3 - 1 研究模型

第三节 研究设计

一、数据收集

本研究以企业员工为对象开展问卷调查，问卷主要采用网络问卷发放和现场问卷发放的形式进行。受各方面的主客观条件的制约，研究采取方便抽样方式，主要利用人际关系网络来收集问卷。本研究共调研了广东省和海南省的 9 家企业，研究通过直接或间接的方式，共计发放问卷 588份。研究者对回收的问卷进行筛选，具体的筛选标准为出现下列情况之一即予以剔除：（1）问卷填写不完整；（2）问卷中绝大多数题项为相同答案；（3）问卷答案呈现明显规律性排列；（4）问卷中"不确定"答案过多。经筛选后，最终有效问卷 428 份，总体有效率为 72.8%。

二、测量工具

本研究使用的问卷中，除基本的人口统计学变量及企业所有权性质的测项外，为保证较好的信度和效度，企业社会责任、组织认同、组织公民行为及组织绩效的测量，均选用来源于发表在国际管理学研究重要期刊的测量量表，并且在以往的国内外相关研究中多次被引用，属于比较成熟的量表，且均采用李克特 7 点式量表测量。问卷调查的被试者根据量表测项描述与其实际情况的符合程度进行评价，"1"表示"完全不同意"，"7"表示"完全同意"。

（一）企业社会责任测量量表

通过对现有国内外企业社会责任测量工具的分析与权衡，本研究主要借鉴李等（2012）在《国际酒店管理杂志》上发表的基于服务业员工的企业社会责任感知量表，包括经济责任、法律责任、伦理责任和慈善责任这 4 个维度，一共 25 个题项，该问卷在测量上具有较高的信度和效度。本研究的调研对象为企业的一线基层员工，调研的行业和对象与李等（2012）的量表适用性较为一致。本研究采用的企业社会责任量表如表 3-1 所示。

表 3 - 1　　　　　　　　　　企业社会责任量表

维度	问项
企业经济责任	企业注重改善产品/服务品质
	顾客满意度是企业看重的一项绩效指标
	企业密切关注员工工作产出
	高层管理人员制定了有关企业业务发展的长期战略
	企业在降低营运成本方面不断努力
	企业有清晰的流程来处理顾客投诉
	企业注重利润最大化
企业法律责任	企业管理人员了解相关的环境保护法
	企业产品符合法律要求
	企业较好地履行和客户签订的合约
	企业管理人员遵守法律规定
	企业鼓励员工工作团队的多样化（如年龄、性别等）
企业伦理责任	企业各项业务有系统的行为规范
	企业员工遵守职业标准
	企业高层管理人员积极监督对社区有负面影响的活动
	我们被认为是一个值得信任的企业
	公平对待同事是员工评价的一个组成部分
	企业有一套值得信赖的流程来处理员工过失行为
	企业要求员工向顾客提供真实可靠的信息
企业慈善责任	企业注重改善产品形象
	企业关注其形象的改善
	企业积极参与社会上各种扶贫帮困活动
	企业注重对所在社区的贡献
	企业主动承担其社会责任

（二）组织认同测量量表

组织认同是员工个体用他所感知的组织特征定义自我的一种过程与结果，从而产生的与组织一致或归属于组织的感知（Ashforth & Mael，1989）。对于组织认同的测量本研究采用梅尔和阿什福斯（Male & Ashforth，1992）开发的组织认同量表，该量表具有良好的信度和效度，得到了广泛应用，如表3-2所示。

表3-2　　　　　　　　　　　组织认同量表

变量	问项
组织认同	当有人批评我们企业时，我会感觉颜面无光
	我比较在意别人如何看待我们企业
	当谈起我们企业时，我通常用"我们"而不是"他们"
	当有人赞扬我们企业时，我感觉如同我自己受到了表扬
	企业的成功也是我的事业的成功

（三）组织公民行为测量量表

对于组织公民行为的测评，本研究选用基贝欧姆和艾伦（Kibeom & Allen，2002）开发的组织公民行为测量量表，该量表将组织公民行为分为两个维度，即利他人组织公民行为和利组织组织公民行为进行测量，表现出良好的信度，如表3-3所示。

（四）员工绩效测量量表

波曼和摩托维德罗（Borman & Motowidlo，1993）将工作绩效划分为任务绩效与周边绩效的二维模型，并设计了包括任务绩效与周边绩效两个维度在内的工作绩效问卷。该问卷在相关研究中获得了大多数学者认可和广泛应用，所以本研究借鉴了其对工作绩效中任务绩效的研究成果，如表 3-4 所示。

表 3-3 组织公民行为量表

变量	因子	问项
组织公民行为	利他人组织公民行为	我常常帮助缺勤的同事
		通常，我自愿花时间帮助工作中遇到麻烦的同事
		我会尽量帮助新同事尽快适应工作环境
		通常，我会对同事表示出真挚的关心，并以礼相待
		我经常协助工作负担过重的其他同事完成他们的工作
		我经常会与同事分享自己拥有的信息，以利于他们的工作
	利组织组织公民行为	我会自发参与有益于企业形象的推广活动
		我在确定个人的职业发展规划时，将企业的发展目标作为主要参考
		当其他员工批评企业时，我往往会主动为企业辩护
		对外推介企业时，我会感到光荣
		我常常提供建议，以提高企业的绩效
		我对企业表示忠诚
		我会主动采取行动，预防企业可能遇上的问题

表 3-4 员工绩效量表

变量	问项
员工绩效	我必须依照标准业务流程完成工作
	在工作中，我对标准作业程序相当熟练
	我经常规划自己工作的进度
	我经常保持企业工作场所的整齐卫生
	我的平均工作效率非常高
	整体而言，我可以做好企业所要求的任务

三、样本描述

本研究有效样本量 428 份，表 3 – 5 反映了调研对象的基本特征。受访者男女比例比较均衡（男性占 48.8%，女性占 51.2%）；且样本群体年轻化（30 岁以下受访者占比 64.5%），受教育程度不高，具有本科及以上学历的受访者仅占 17.5%，且受访者大部分为基层员工，一线员工和基层管理者占比达 87.1%。总体来看，样本比较符合本研究设计的要求，即从一线基层员工的角度出发，探索其对企业社会责任的感知和影响。

表 3 – 5　　　　　　　　人口统计特征统计表

特征	分类	频数	百分比（%）	累计百分比（%）
性别	男	209	48.8	48.8
	女	219	51.2	100
年龄	25 岁及以下	139	32.5	32.5
	26 ~ 30 岁	137	32.0	64.5
	31 ~ 40 岁	101	23.6	88.1
	41 ~ 50 岁	48	11.2	99.3
	51 ~ 60 岁	2	0.5	99.8
	60 岁以上	1	0.2	100
教育程度	高中或以下	205	47.9	47.9
	大专	148	34.6	82.5
	本科	69	16.1	98.6
	硕士或以上	6	1.4	100

续表

特征	分类	频数	百分比（%）	累计百分比（%）
工作时间	1 年以下	66	15. 4	15. 4
	1~3 年	147	34. 3	49. 8
	3~5 年	80	18. 7	68. 5
	6~10 年	65	15. 2	83. 6
	11~15 年	30	7. 0	90. 7
	15 年以上	40	9. 3	100
工作岗位	一线员工	254	59. 3	59. 3
	基层管理者	119	27. 8	87. 1
	中层管理者	48	11. 2	98. 4
	高层管理者	7	1. 6	100

本研究调研对象涉及不同产权性质的企业共计 9 家，有效样本中来自国有企业的员工占 52.8%，来自民营企业的占 35.5%，来自外资企业的员工占 11.7%。员工所属企业规模在 500 人以下的占 24.5%，规模在 500~999 人的占 73.1%，调研企业大部分在当地具有一定的知名度和影响力，企业规模较大，员工人数较多，如表 3-6 所示。

表 3-6　　　　　　　　　　企业特征统计表

特征	分类	频数	百分比（%）	累计百分比（%）
企业性质	国有	226	52. 8	48. 1
	民营	152	35. 5	83. 6
	外资	50	11. 7	100
	总计	428	100	

特征	分类	频数	百分比（%）	累计百分比（%）
企业规模	50~99 人	4	0.9	0.9
	100~499 人	101	23.6	24.5
	500~999 人	313	73.1	97.7
	1000 人及以上	10	2.3	100
	合计	428	100	

第四节　数据统计与分析

一、因子分析与信效度检验

本研究采用的量表均是国外成熟的量表，为了检验模型中涉及的潜变量是否能有效地区分，本研究采用结构方程对整体模型中的潜变量做探索性因子分析。在进行因子分析前，首先要进行 KMO 检验与 Bartlett 球形检验，以判断数据是否适合做因子分析。KMO 检验显示，企业社会责任、组织公民行为的 KMO 值均大于 0.9，且 Bartlett 球形检验显著水平均小于 0.001，适合进行因子分析。

进一步，我们采用 SPSS 软件的主成分法，分别对企业社会责任和组织公民行为进行探索性因子分析。方差最大正交旋转后，企业社会责任量表数据特征值大于 1 的因子共有 4 个，分别为经济责任、法律责任、伦理责任和慈善责任，累积方差解释率为 70.2%，大于 50.0%，组织公民行为量表数据，特征值大于 1 的因子共有 2 个，累积方差解释率为 69.0%，大于 50.0%。这说明维度划分具有较强的解释力，维度之间的区分效度良好，如表 3-7 所示。

表3-7 企业社会责任量表的探索性因子分析

变量	因子	初始特征值			旋转后的抽取因素方差		
		特征值	贡献率（%）	累计贡献率（%）	特征值	贡献率（%）	累计贡献率（%）
企业社会责任	1	14.480	57.920	57.920	5.145	20.581	20.581
	2	1.368	5.472	63.391	4.429	17.717	38.298
	3	0.905	3.618	67.009	3.995	15.979	54.277
	4	0.809	3.236	70.245	3.992	15.968	70.245
组织公民行为	1	7.547	58.053	58.053	4.958	38.135	38.135
	2	1.427	10.975	69.028	4.016	30.893	69.028

为了进一步了解问卷的可靠性和有效性，本研究利用SPSS17.0对量表中各个概念的内部一致性进行检验。表3-8结果显示，本研究中所有量表Cronbach α系数都在0.881~0.970，均大于0.8，表明各个量表的可靠性水平较高，数据具有较高的内部一致性。

表3-8 信度检验结果

量表	Cronbach α	变量	题项数	Cronbach α
企业社会责任	0.970	企业经济责任	7	0.907
		企业法律责任	5	0.881
		企业伦理责任	7	0.921
		企业慈善责任	6	0.912
组织认同	0.900	组织认同	5	0.900
组织公民行为	0.942	利他	5	0.910
		利组织	7	0.935
员工绩效	0.927	员工绩效	5	0.927

最后，为验证模型拟合度，本研究利用Amos 17.0软件对量表进行了验证性因子分析。结果显示，模型的整体拟合度较好，具体指标见表3-9。模型的拟合指标接近或达到理想标准，说明模型与数据有较好的拟合度。

表 3 - 9 模型与数据拟合结果

拟合结果	c^2	df	c^2/df	RMSEA	PNFI	TLI	IFI	CFI
	2893.741	1059	2.733	0.064	0.792	0.887	0.894	0.894

此外，如表 3 - 10 所示，量表的平均提取方差值 AVE 均大于 0.5，说明企业社会责任、组织认同、组织公民行为和员工绩效的测量具有足够的聚合效度，同时也说明测量模型具有良好的建构效度。每个变量的组合信度 CR 均大于 0.5，表明企业社会责任、组织认同、组织公民行为和员工绩效的测量都具有良好的组合信度。

表 3 - 10 效度检验结果

变量	AVE	CR
经济责任	0.5839	0.9073
法律责任	0.5963	0.8807
伦理责任	0.6246	0.9209
慈善责任	0.6456	0.9158
组织认同	0.6201	0.8900
利他行为	0.5739	0.8659
利组织行为	0.6449	0.9265
员工绩效	0.6275	0.9085

二、假设检验

验证性因子分析表明，数据具有较高的信度与效度，且结构模型的总体适配度较为理想。进一步地，通过结构方程模型分析来对研究假设进行验证。结果显示，企业社会责任作为整体构念（$p < 0.001$）及其伦理责任（$p < 0.01$）对组织认同的路径通过了显著性检验，此外，组织认同对组织公民行为的两个维度和员工绩效均显著正相关（$p < 0.001$）。各假设检验

结果如表 3 –11 和图 3 –2 所示。

表 3 – 11 结构方程模型假设检验结果

假设路径	标准化系数	S. E.	T 值	结果
假设 3 – 1a 经济责任→组织认同	0.039	0.161	0.242	不支持
假设 3 – 1b 法律责任→组织认同	0.226	0.200	1.130	不支持
假设 3 – 1c 伦理责任→组织认同	0.536 **	0.200	2.682	支持
假设 3 – 1d 慈善责任→组织认同	0.009	0.084	0.103	不支持
假设 3 – 2a 组织认同→利他行为	0.489 ***	0.046	10.665	支持
假设 3 – 2b 组织认同→利组织行为	0.659 ***	0.045	14.700	支持
假设 3 – 3 组织认同→员工绩效	0.606 ***	0.045	13.605	支持

注：** 表示 p < 0.01，*** 表示 p < 0.001。

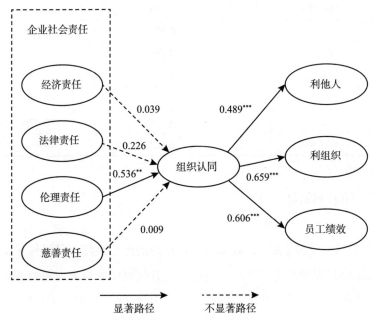

注：** 表示 p < 0.01，*** 表示 p < 0.001。

图 3 – 2 路径关系模型

本研究采用 Sobel 检验进行中介效应检验。根据温忠麟（2004）的研究，Sobel 检验的统计量是：

$$z = ab/\sqrt{b^2 s_a^2 + a^2 s_b^2}$$

其中，S_a^2 和 S_b^2 分别为路径系数 a、b 的标准误的平方，其检验标准为 $|z| > 1.96$。Sa 根据非标准化路径系数的估计值和 t 值计算得出。Sobel 检验结果显示，组织认同在企业伦理责任对利他组织公民行为、利组织公民行为和员工绩效的影响过程中均起到中介作用，但是在经济责任、法律责任和慈善责任与员工组织公民行为（利他人/利组织）与员工绩效的关系之间不具有中介作用。

三、不同产权性质企业的社会责任维度内差异比较

针对控制变量中企业产权的不同类型，本研究采用单因素方差分析法比较在企业社会责任这一层面内分组均值之间的差异。不同产权性质在经济责任 [$F_{(2, 425)} = 7.255$，$p < 0.01$]、法律责任 [$F_{(2, 425)} = 3.839$，$p < 0.05$]、伦理责任 [$F_{(2, 425)} = 4.541$，$p < 0.05$] 和慈善责任 [$F_{(2, 425)} = 7.764$，$p < 0.001$] 这四个方面均存在显著性差异。

对单因素方差检验结果显著的经济责任、法律责任、伦理责任和慈善责任这四个维度，进一步进行方差齐性检验。方差齐性检验结果显示，伦理责任和慈善责任的显著性水平在 0.001~0.002，均小于 0.05，方差不具有齐性，多重比较时采用 Tamhane's T2 法，如表 3 – 12 所示。经济责任和法律责任的显著性水平大于 0.05，方差具有齐性，多重比较须选用 LSD 法，如表 3 – 13 所示。

通过对结果进行对比分析，在经济责任方面，外资企业和国有企业显著高于民营企业；在法律责任方面，国有企业显著高于外资企业和民营企业；在伦理责任方面，民营企业的表现显著高于国有企业；在慈善责任方面，国有企业的表现显著高于民营企业。

表 3 – 12 企业产权性质对企业社会责任的多重比较结果

(Tamhane's T2 法)

变量	(I) 企业性质	(J) 企业性质	均值差异 (I－J)	标准误差	显著性
伦理责任	国有	民营	– 0. 30959 *	0. 10756	0. 013
		外资	0. 24342	0. 38864	0. 901
	民营	国有	0. 30959 *	0. 10756	0. 013
		外资	0. 55301	0. 39005	0. 431
	外资	国有	– 0. 24342	0. 38864	0. 901
		民营	– 0. 55301	0. 39005	0. 431
慈善责任	国有	民营	0. 40334 *	0. 10775	0. 001
		外资	0. 27539	0. 37606	0. 853
	民营	国有	– 0. 40334 *	0. 10775	0. 001
		外资	0. 67873	0. 37887	0. 241
	外资	国有	– 0. 27539	0. 37606	0. 853
		民营	– 0. 67873	0. 37887	0. 241

注: * 表示 $p < 0.05$。

表 3 – 13 企业产权性质对企业社会责任的多重比较结果 (LSD 法)

变量	(I) 企业性质	(J) 企业性质	均值差异 (I－J)	标准误差	显著性
经济责任	国有	民营	– 0. 39994 *	0. 11434	0. 001
		外资	0. 23672	0. 25925	0. 362
	民营	国有	0. 39994 *	0. 11434	0. 001
		外资	– 0. 63665 *	0. 26560	0. 017
	外资	国有	– 0. 23672	0. 25925	0. 362
		民营	0. 63665 *	0. 26560	0. 017

续表

变量	(I) 企业性质	(J) 企业性质	均值差异（I－J）	标准误差	显著性
法律责任	国有	民营	0.27048 *	0.11451	0.019
		外资	0.27031	0.25964	0.298
	民营	国有	－ 0.27048 *	0.11451	0.019
		外资	0.54079 *	0.26599	0.043
	外资	国有	－ 0.27031	0.25964	0.298
		民营	－ 0.54079 *	0.26599	0.043

注：* 表示 $p < 0.05$。

第五节　结论与讨论

本研究通过构建企业社会责任—组织认同—员工组织公民行为与员工绩效的结构方程模型，并通过数据分析与检验，得出以下结论：

其一，本章研究发现企业伦理责任对员工的组织认同有显著的积极影响。作为企业社会责任的维度之一，伦理责任与员工工作环境和员工个人工作行为具有更加直接的关联，员工对伦理责任的感知比较强烈。例如，企业的伦理道德标准或者相关工作政策会直接影响工作环境的质量，如专业性、公平性等（Lee et al.，2012）。企业法律责任的履行主要是为了实现经营的合法性，遵守各项法律规范及要求，这对于帮助企业建立员工的认同、提高工作绩效没有必然性。相反，企业员工会认为，企业在法律方面的责任是强制性的、是必须实践完成的，这是企业的分内职责。在本次调研中，企业员工多为"80后""90后"等新生代员工，具备一定的学历和相对较好的教育背景，工作价值取向也与年龄较长员工发生了变化，作为社会责任最低层次的经济责任并不能增加其对组织的认同。企业的慈善责任主要关注企业的外部利益相关者，对于员工的工作情况没有直接影

响。此外，我国单体企业较多，企业运营相对独立，慈善责任实现的整体
水平不高，与当地社区的联系相对薄弱，这些均影响了员工对企业慈善责
任的感知，因而对员工组织认同的影响并不显著。

其二，本章研究发现企业伦理责任可以通过提升员工的组织认同，间
接影响员工的组织公民行为和工作绩效。以往的研究表明，个体对组织的
认同程度越高，就越有可能站在组织的角度来思考问题并作出有利于组织
的行为。当个体产生对组织的认同时，会表现出较多的合作行为和组织公
民行为，同时可以提高企业的成就，实现员工和企业的双赢局面（Hogg &
Terry，2000；Yimo，2007；Iqbal et al.，2012）。组织认同作为维系个体
和组织关系的心理纽带，在个体与组织的交换过程中处于十分重要的地位
（沈伊默等，2009）。目前，从员工角度探索企业社会责任各个维度对员工
态度行为的不同影响的研究还比较有限。现有的研究结论也存在较大的差
异。李祥进（2012）针对制造行业的一线员工进行了研究，发现企业对员
工和客户的社会责任行为能显著影响员工的任务绩效，但对商业伙伴、环
境和社区的责任行为却不能改善企业与员工之间的关系质量。晁罡等
（2012）则提出企业履行环境责任可以通过员工的情感性认同进而对工作
投入产生影响。李等（2012）认为只有企业履行的法律责任会对组织认同
和信任产生积极影响，经济责任和慈善责任则没有显著影响。然而，李等
（2012）的研究结果却完全相反，即在餐饮连锁业中，企业的经济责任和
慈善责任对组织信任是有显著影响的，并且只有伦理责任会影响员工的工
作满意度。由于研究的调研对象、文化背景以及对企业社会责任维度划分
等不同，研究结果也会有一定的差异性。

其三，本章研究发现国有企业、民营企业和外资企业在社会责任中的
经济责任、法律责任、伦理责任和慈善责任这四个维度均有显著差异。具
体来说，在经济责任方面，外资企业与国有企业显著高于民营企业。外资
企业虽然进入中国市场的时间不长，但依靠国外成熟先进的管理经验，注
重内部沟通，整体运营效率较高。民营企业受发展政策等外部环境的影响
较大，经营水平的提高是企业生存的重要保障，随着发展模式的转变，民

营企业的经济责任水平也在不断提高。在法律责任和慈善责任方面，国有企业的表现显著高于民营企业和外资企业。在我国的社会主义市场经济体制中，国有企业的社会责任更多的是作为国家代表参与社会发展及公众利益的实现，更多的是着眼于非经济目标的实现，补充市场资源配置的空白领域。值得注意的是，在伦理责任方面，民营企业的表现突出。一方面，这与本次调研的对象有关，即广东省和海南省的企业发展相对成熟，参与调研的民营企业在行业内具备较高的认可度、管理规范，对于企业社会责任具有一定的了解和认识，遵循企业经营的道德伦理规范。另一方面，这也可以说明我国民营企业的发展已经开始超越经营合法身份的获得以及市场开拓阶段，对于员工发展的重视也是其取得成功的重要原因之一，即通过伦理责任的实现赢得员工和外界的认可与尊重。总体上来看，不同产权性质的企业社会责任的实现存在较大的差异，民营企业更加注重的是企业整体绩效的提高，而国有企业更加注重社会效益的实现，外资企业更关注的是企业文化价值的体现以及内部现代化管理水平的提升。要形成我国企业积极履行社会责任的良好局面，必须充分发挥国有企业的带头作用、民营企业的补充作用和外资企业的辅助作用，三者缺一不可。

第六节　管理启示

本章的研究结论进一步丰富了从员工视角出发的企业社会责任相关研究，这也对我国企业今后的发展提供了一定的管理启示。

首先，企业应该积极履行社会责任，打破传统员工激励机制，增强员工对企业社会责任的感知。当前中国社会正处于转型阶段，以"80后""90后"为主体的新生代员工普遍具有较好的教育背景，在价值判断中，自身价值的体现和人生的追求已经不仅仅局限于单纯的物质享受。企业通过社会责任的建立和实现，不但有利于自身良好企业公民形象的建立、实现可持续发展，同时还有利于吸引和保留优秀的人才。员工对企业社会责任的正向感知能够有效促使其更加出色地完成自己的各项工作，甚至自发完成职位职责之外的有利于企业发展的其他工作。

其次，针对员工对企业社会责任不同维度的感知差异，对员工行为表现进行有针对性的管理。在本研究中，企业社会责任主要包括经济责任、法律责任、伦理责任和慈善责任这四个方面。其中经济责任是社会责任的基石，处于最底层，而慈善责任处于社会责任的最高层。企业管理者可以通过对内部员工进行定期的企业社会责任感知调查，从中进一步了解员工最为关注的方面，以及对现有企业社会责任履行情况的评价，提高员工作为内部利益相关者的参与度，不断提高员工的组织认同感，对员工的态度行为进行有针对性的管理。李等（2012）认为，在研究员工对企业社会责任的感知时，必须将社会责任的全部维度放在一起加以考虑，这种感知是对企业社会责任整体的一种认知，虽然不同维度的影响具有不同的显著性，但将各个维度割裂开来进行考量是不合理的。企业在制定社会责任决策的过程中，需要考虑整体战略的制定、资源的分配、营销的策略和沟通等，进而获得最大化的投资回报。例如，企业一般会向员工传递企业如何遵守伦理道德观、如何关爱员工、如何提高社区福利等，即强调企业社会责任中的法律责任部分，但这些方面并不会显著地增加员工对组织的认同、改善工作绩效，因此可以不作为内部沟通中强调的重点。

最后，结合我国自身的国情发展，企业社会责任的建设有利于企业的可持续发展。在现代企业管理中，企业间的竞争已经不仅仅局限于现有产品技术服务资源的竞争，而越来越多地转向软实力的竞争，即品牌、人才、声誉、创新等。国外的企业集团较早便开始开展企业社会责任方面的工作，企业社会责任信息的披露也较为规范，在企业管理和经济责任的履行方面表现突出，无形中为企业形象加分，有助于公众对其品牌的认知。国有企业发展历史悠久，整体实力雄厚，社会资源丰富，对于企业社会责任的关注主要着重于社会利益的实现，协助地方经济的发展。民营企业虽然发展的时间较短，但经营方式灵活，发展十分迅速，对于企业社会责任的关注也越来越多。从长远发展来看，企业的竞争不应仅仅着眼于当前的短期利益，甚至出现破坏污染环境、损害员工权益、欺诈经营等行为，这些短视行为最终会导致企业的失败。

本章参考文献

[1] 晁罡，程鹏，张水英. 基于员工视角的企业社会责任对工作投入影响的实证研究 [J]. 管理学报，2012（6）：831－836.

[2] 陈立泰，刘倩. 重庆上市公司企业社会责任发展状况评价 [J]. 特区经济，2011（8）：108－110.

[3] 冯电波. 国有企业社会责任影响力和制度建设研究 [D]. 吉林大学，2011.

[4] 郭洪涛. 不同所有制企业承担社会责任的具体形式探讨——基于创新型 CSR 模型基础之上 [J]. 经济问题探索，2011（2）：99－104.

[5] 郭洪涛. 中国企业社会责任比较研究 [D]. 西南财经大学，2018.

[6] 韩雪松. 影响员工组织认同的组织识别特征因素及作用研究 [D]. 四川大学，2007.

[7] 侯杰泰，温忠麟，成子娟. 结构方程模型及其应用 [M]. 北京：教育科学出版社，2006.

[8] 黄芳铭. 结构方程模式：理论与应用 [M]. 北京：中国税务出版社，2005.

[9] 黄速建，余菁. 国有企业的性质、目标与社会责任 [J]. 中国工业经济，2006（2）：68－76.

[10] 李文川，曹长省，王晓梅，鲁银梭，范丹. 民营企业 CSR 战略行为——基于员工权益责任视角的多案例研究 [J]. 管理案例研究与评论，2012（5）：379－390.

[11] 李祥进，杨东宁，雷明. 企业社会责任行为对员工工作绩效影响的跨层分析 [J]. 经济科学，2012（5）：104－118.

　　[12] 刘世云. 民营企业承担社会责任与其经营绩效相关性研究——以广东省民营企业为例 [J]. 重庆交通大学学报（社会科学版），2012 (4)：42 - 45.

　　[13] 马力，齐善鸿. 西方企业社会责任实践 [J]. 企业管理，2005 (2)：108 - 109.

　　[14] 欧阳润平，宁亚春. 西方企业社会责任战略管理相关研究述评 [J]. 湖南大学学报：社会科学版，2009 (2)：48 - 52.

　　[15] 沈洪涛. 公司社会责任与公司财务业绩关系研究 [D]. 厦门大学，2005.

　　[16] 沈伊默，袁登华，张华，杨东，张进辅，张庆林. 两种社会交换对组织公民行为的影响：组织认同和自尊需要的不同作用 [J]. 心理学报，2009 (12)：1215 - 1227.

　　[17] 田志龙，贺远琼，高海涛. 中国企业非市场策略与行为研究——对海尔、中国宝洁、新希望的案例研究 [J]. 中国工业经济，2005 (9)：82 - 90.

　　[18] 郗河. 企业社会责任特征对员工组织承诺及组织公民行为作用机制研究 [D]. 浙江大学，2011.

　　[19] 辛杰. 利益相关者视角下的企业社会责任研究——以山东省1400 家企业问卷调查为例 [J]. 山东大学学报（哲学社会科学版），2009 (1)：120 - 126.

　　[20] 杨熠，沈洪涛. 我国公司社会责任与财务业绩关系的实证研究 [J]. 暨南学报（哲学社会科学版），2008 (6)：60 - 68 + 151 - 152.

　　[21] 曾杨. 我国企业社会责任认知水平和行为表现关系的实证研究 [D]. 西北大学，2011.

　　[22] 张健. 民营企业社会责任驱动财务绩效的有效性研究 [J]. 经济论坛，2010 (1)：161 - 163.

　　[23] 赵辉，李文川. 我国民营企业社会责任的层次性研究 [J]. 经济纵横，2007 (10)：75 - 78.

［24］赵琼，张应祥. 跨国公司与中国企业捐赠行为的比较研究［J］. 社会，2007（5）：144 - 161 + 209.

［25］Barakat S R，Isabella G，Boaventura J M G，Mazzon J A. The influence of corporate social responsibility on employee satisfaction［J］. Management Decision，2016，54（9）：2325 - 2339.

［26］Bentler P M，Bonett D G. Significance tests and goodness of fit in the analysis of covariance structures［J］. Psychological Bulletin，1980，88（3）：588 - 606.

［27］Bergami M，Bagozzi R P. Self-categorization，affective commitment and group self-esteem as distinct aspects of social identity in the organization［J］. British Journal of Social Psychology，2000，39（4）：555 - 577.

［28］Bernardin H，Beatty R. Performance appraisal：Assessing human behavior at work［M］. Kent Pub. Co.，1984.

［29］Carroll A B. A three-dimensional conceptual model of corporate performance［J］. Academy of Management Review，1979，4（4）：497 - 505.

［30］Chang C H. Proactive and reactive corporate social responsibility：Antecedent and consequence［J］. Management Decision，2015，53（2）：451 - 468.

［31］Cheema S，Afsar B，Javed F. Employees' corporate social responsibility perceptions and organizational citizenship behaviors for the environment：The mediating roles of organizational identification and environmental orientation fit［J］. Corporate Social Responsibility and Environmental Management，2020，27（1）：9 - 21.

［32］Christensen L J，Mackey A，Whetten D. Taking responsibility for corporate social responsibility：The role of leaders in creating，implementing，sustaining，or avoiding socially responsible firm behaviors［J］. Academy of Management Perspectives，2013（8）：164 - 178.

［33］Clarkson M E. A stakeholder framework for analyzing and evaluating corporate social performance [J]. Academy of Management Review, 1995, 20 (1): 92 –117.

[34] De Roeck K, El Akremi A, Swaen V. Consistency matters! How and when does corporate social responsibility affect employees' organizational identification? [J] Journal of Management Studies, 2016, 53 (7): 1141 – 1168.

[35] Donaldson T, Preston L E. The stakeholder theory of the corporation: Concepts, evidence, and implications [J]. Academy of Management Review, 1995, 20 (1): 65 –91.

[36] Farooq O, Payaud M, Merunka D, Valette – Florence P. The impact of Corporate social responsibility on organizational commitment: Exploring multiple mediation mechanisms [J]. Journal of Business Ethics, 2014, 125 (4): 563 –580.

[37] Farooq O, Rupp D E, Farooq M. The multiple pathways through which internal and external corporate social responsibility influence organizational identification and multifoci outcomes: The moderating role of cultural and social orientations [J]. Academy of Management Journal, 2017, 60 (3): 954 – 985.

[38] González – De – la – Rosa M, Armas – Cruz Y, Dorta – Afonso D, García – Rodríguez F J. The impact of employee-oriented CSR on quality of life: Evidence from the hospitality industry [J]. Tourism Management, 2023 (97): 104740.

[39] Guzzo R F, Abbott J, Lee M. How CSR and well-being affect work-related outcomes: A hospitality industry perspective [J]. International Journal of Contemporary Hospitality Management, 2022, 34 (4): 1470 –1490.

[40] Hansen S D, Dunford B B, Boss A D, Boss R W, Angermeier I. Corporate social responsibility and the benefits of employee trust: A cross-disciplinary perspective [J]. Journal of Business Ethics, 2011, 102 (1): 29 –45.

[41] Hogg M A, Terry D. Social identity and self-categorization processes in organizational contexts [J]. Academy of Management Review, 2000 (25): 121 – 140.

[42] Igalens J, Gond J P. Measuring corporate social performance in france: A critical and empirical analysis of arese data [J]. Journal of Business Ethics, 2005, 56 (2): 131 – 148.

[43] Iqbal N, Ahmad N, Sheeraz M, Bashir N. The Impact of perceived Corporate Social Responsibility (CSR) on Job Attitude and Performance of Internal Stakeholders [J]. International Journal of Human Resource Studies, 2012, 2, 77 – 86.

[44] Lee C K, Song H J, Lee H M, Lee S, Bernhard B J. The impact of CSR on casino employees' organizational trust, job satisfaction, and customer orientation: An empirical examination of responsible gambling strategies [J]. International Journal of Hospitality Management, 2013 (33): 406 – 415.

[45] Lee K, Allen N J. Organizational citizenship behavior and workplace deviance: The role of affect and cognitions [J]. Journal of Applied Psychology, 2002, 87 (1): 131 – 142.

[46] Lee Y K, Kim Y "Sally", Lee K H, Li D. The impact of CSR on relationship quality and relationship outcomes: A perspective of service employees [J]. International Journal of Hospitality Management, 2012, 31 (3): 745 – 756.

[47] Lin Y T, Liu N C, Lin J W. Firms' adoption of CSR initiatives and employees'organizational commitment: Organizational CSR climate and employees' CSR – induced attributions as mediators [J]. Journal of Business Research, 2022 (140): 626 – 637.

[48] Mael F, Ashforth B E. Alumni and their alma mater: A partial test of the reformulated model of organizational identification [J]. Journal of Organizational Behavior, 1992, 13 (2): 103 – 123.

［49］ Medsker G J, Williams L J, Holahan P J. A review of current practices for evaluating causal models in organizational behavior and human resources management research ［J］. Journal of Management, 1994, 20 (2): 439 – 464.

［50］ Park S Y, E Levy S. Corporate social responsibility: Perspectives of hotel frontline employees ［J］. International Journal of Contemporary Hospitality Management, 2014, 26 (3): 332 – 348.

［51］ Russell C J, Colella A, Bobko P. Expanding the context of utility: The strategic impact of personnel selection ［J］. Personnel Psychology, 1993, 46 (4): 781 – 801.

［52］ Schrodt P. The relationship between organizational identification and organizational culture: Employee perceptions of culture and identification in a retail sales organization ［J］. Communication Studies, 2002, 53 (2): 189 – 202.

［53］ She – Yimo. Antecedents and consequences of organizational identification: A social exchange perspective ［J］. Acta Psychologica Sinica, 2007 (39): 918 – 925.

［54］ Shiri N, Jafari – Sadeghi V. Corporate social responsibility and green behaviour: Towards sustainable food-business development ［J］. Corporate Social Responsibility and Environmental Management, 2023, 30 (2): 605 – 620.

［55］ Silva P, Moreira A C, Mota J. Employees' perception of corporate social responsibility and performance: The mediating roles of job satisfaction, organizational commitment and organizational trust ［J］. Journal of Strategy and Management, 2022, 16 (1): 92 – 111.

［56］ Steensma H K, Corley K G. Organizational context as a moderator of theories on firm boundaries for technology sourcing ［J］. Academy of Management Journal, 2001, 44 (2): 271 – 291.

［57］ Steiger J H. Structural Model Evaluation and Modification: An Interval Estimation Approach [J]. Multivariate Behavioral Research, 1990, 25 (2): 173 – 180.

[58] Stites J P, Michael J H. Organizational Commitment in Manufacturing Employees: Relationships With Corporate Social Performance [J]. Business & Society, 2011, 50 (1): 50 – 70.

[59] Story J, Neves P. When corporate social responsibility (CSR) increases performance: Exploring the role of intrinsic and extrinsic CSR attribution [J]. Business Ethics: A European Review, 2015, 24 (2): 111 – 124.

[60] Van Dick R, Grojean M W, Christ O, Wieseke J. Identity and the extra mile: Relationships between organizational identification and organizational citizenship behaviour [J]. British Journal of Management, 2006, 17 (4): 283 – 301.

[61] Williams L J, Anderson S E. Job satisfaction and organizational commitment as predictors of organizational citizenship and in-role behaviors [J]. Journal of Management, 1991, 17 (3): 601 – 617.

[62] Zhao H, Zhou Q. Exploring the impact of responsible leadership on organizational citizenship behavior for the environment: A leadership identity perspective [J]. Sustainability, 2019, 11 (4): 944.

第三部分　外部视角的企业社会责任

第四章

顾客视角的企业社会责任

善因营销是企业竞争的有效工具，然而如何通过目标框架策略来增强善因营销的说服效果还有待进一步的研究。因此，本章将利用解释水平理论探讨目标框架对善因营销中捐赠意愿的影响。本章进行了三个情境实验室实验，实验结果表明，消费者对慈善捐赠的反应取决于目标框架。具体地，相对于抽象的目标框架，具体的目标框架会引发消费者更强的同理心，进而提升消费者捐赠意愿。本章还探讨了人格宜人性的影响，揭示了其在目标框架和同理心之间的调节作用。本章通过实证研究揭示了目标框架对善因营销效果的影响，为提高企业相关营销的有效性提供了实践启示。

第一节 研究问题

善因营销是指企业在满足组织和个人目标的产品交换需求的同时，向特定的慈善事业提供一定数量捐赠的相关活动。企业的善因营销活动使得顾客的消费行为不仅能够满足个人的产品购买目标，还能够引起其他利益相关者的积极反应（Ptacek & Salazar，1997）。随着市场经济的发展，以及产品与服务同质化现象加剧，善因营销正成为企业脱颖而出、提高客户忠诚度的重要营销手段。现代企业与传统企业慈善行为的重要差异在于现代企业参与慈善的广度与力度都有了很大提升（王鲜萍，2005）。随着互联网营销手段的多元化，越来越多的企业选择互联网公益传播作为善因营销的渠道（Cheng & Kodono，2022；Zhang，2023）。在当代海量信息的环境中，如何提高企业在社会责任实践中的传播说服力，提升消费者捐赠意愿，并实现良好的社会效果，成为企业在进行公益传播时所面临的重要挑战（朱翊敏，2014；Dedeoğlu et al.，2020；Shin & Ki，2021）。在当前互联网公益传播的实践中，受到智能设备屏幕对广告或宣传页篇幅语言设计的限制，受助群体的目标信息往往采用抽象的陈述形式呈现，例如，大众点评的"暖心午餐——让山区孩子吃得更好"以及携程的"梦想之旅——去远方"项目，均采用了较为模糊的宣传标语。实践表明，企业在互联网公益传播中很注重对善因事件的目的和受助主体的描述，但受助主体在宣传中往往以模糊的形式出现，甚至被省略。

研究发现，在互联网公益传播这种信息不对称的捐赠请求沟通环境中，善因营销中信息陈述方式对消费者的参与意愿有着极大的影响（朱翊敏，2014；Andreu et al.，2015；Pérez et al.，2020；Yucel - Aybat & Hsieh，2021；Lee & Chu，2023）。那么在善因营销活动中，受助者群体目标信息的陈述方式是否会影响消费者的捐赠意愿与水平？此外，捐赠请求中受助者目标信息框架与消费者捐赠决策之间的中介机制是什么？消费者的个人特征是否会在其中起到调节作用？为回答上述问题，本章基于信息框架效应理论，对企业善因营销传播中公益目标信息框架对消费者捐赠意愿的影响机制进行深入研究，为企业营销人员选择更合适的公益信息传播方式来开展互联网善因营销，以真正达到善因营销的目的提供理论见解。

第二节　理论基础与研究假设

一、理论基础：信息框架效应

信息框架效应（framing effect）是在前景理论基础上发展起来的理论

分支，指同样的信息通过不同的呈现和表达方式，会使得信息接收者对被描述对象产生不同的决策判断（Tversky，1981）。莱文等（Levin et al.，1998）学者将信息框架效应分为属性框架、风险框架以及目标框架。属性框架（attribute framing effect）是指将对象或事件的某些特征、属性作为框架操作的重点，代表了框架的最简单情况。在这种框架中，描述性效价影响个体信息处理过程，例如，有研究发现消费者对牛肉质量的看法会受到牛肉商品标签是标注为"75%的瘦肉"还是"25%的脂肪"的影响（Gaeth，1988）。风险框架（risk choice framing）强调一个潜在选择的结果涉及不同风险水平的选项（Levin，1998），主要划分为积极与消极两个框架。积极框架将注意力集中在获得积极结果上，而消极框架集中在避免消极结果上，两种结果的风险水平往往是一种比率估算，例如，成功率与失败率、生存率与死亡率等。目标框架（goal framing）指将活动或行为所设定目标以不同的陈述方式进行表达（Levin，1998）。按照具体化程度的不同，可以分为抽象与具体两种类型（Rudd et al.，2014）。例如，沃斯等（Wirth et al.，2009）就曾对减肥目标的设定对消费者的参与和投入程度的影响进行研究，他们设定了一个抽象程度由高至低的目标，包括抽象目标（本周减肥 2～4 磅）和具体目标（本周减肥 3 磅），结果表明抽象目标对参与者有更强的驱动作用，给他们带来了更大的成就感。

本章聚焦公益传播中受助者群体信息的表述形式对消费者捐赠意愿的影响，基于目标框架效应将受助者群体信息分为了抽象和具体两种类型。

二、善因营销中的目标框架效应

企业在进行善因营销的宣传过程中，往往面临如何组织信息的问题（朱翊敏，2014），因为信息表达方式会显著影响消费者响应（Tversky & Kahneman，1981；Richard & Yong，1999）。当前，目标框架效应已经成为善因营销说服效果研究中备受关注的角度。常（Chang，2018）、克莱贝尔等（Kleber et al.，2016）分别通过实验法研究企业善因营销活动采用绝对数值形式（如捐赠 1 元）与相对数形式（捐赠 1%）对捐献金额的呈现效果；达斯等（Das et al.，2016）则对企业善因营销中捐赠数额量词的具体（如捐赠 1 元）与抽象（如捐赠一部分收益）程度对消费者购买意愿的影响进行了研究。在国内，孙路平和王兴元（2016）则关注善因营销中善因诉求的抽象化（关爱流浪狗）与具体化（给流浪狗一个温暖的家）对消费者购买意愿的影响。

现有目标框架的研究往往涉及健康、捐赠等场景（Levin et al.，1998）。在企业互联网公益传播中，受到页面篇幅等限制，目标框架往往在企业社会责任活动传播中更为常见。然而，将目标框架效应应用于企业善因营销活动说服效果的研究，大多是将目标框架的关注点放在捐献金额与善因诉求的呈现上，而善因事件的受助主体却鲜有受到关注。研究证明，企业如何呈现与构建企业社会责任活动的承诺，会极大地影响消费者的判断与决策（Grau et al.，2007）。在企业互联网公益传播中，企业是信息的收集方和提供方，拥有更多的信息资源，而消费者则往往无法掌握相对全面的善因事件信息。因此，在这种信息不对称的背景下，企业应当慎重选择善因事件信息的陈述，以获得更好的消费者响应。

本章基于目标框架效应，将受助者信息分为抽象和具体两种类型。抽象目标虽然语义中心概念明确但边界却是模糊抽象的（伍铁平，1999），相较于抽象的目标，具体的目标框架对于结果表述的伸缩空间更小，更能帮助个人衡量目标的可实现性（Wirth et al.，2009）。当行为主体感知到目标实现的可能性较小时，他们的参与意愿会降低；若感知目标实现的可能性较大，行为主体的参与度则会增加（Wirth et al.，2009）。道格拉斯等（Douglas et al.，2003）也建议企业善因营销应该以直接和透明的方式来表述，以免混淆消费者。因此，相比于抽象的目标信息，具体的目标信息可能促使消费者产生更强的捐赠意愿。据此，提出以下假设：

假设 4 - 1：企业善因营销中目标信息框架会对消费者捐赠意愿产生影响，相比于抽象的目标信息陈述，具体的目标陈述能促使消费者产生更强的捐赠意愿。

三、目标框架、状态共情与捐赠意愿

状态共情指个体面对一个或多个个体的情绪情景时，产生与他人情绪情感的共享，在认知到自我与他人有区别的前提下，对其总体状况进行认知评估，从而产生的一种伴有相应行为的情绪情感反应，且主体会将这种情绪情感和行为指向客体（刘聪慧等，2009）。共情的产生基于特定的情绪情境，情境指的是在特定的时空场景中能够影响个体对目标意义理解的所有事物或信息（陈武英、刘连启，2016）。为了产生准确的情绪情感，个体必须充分利用情境中的情境线索。

根据解释水平理论，目标、行动等都可以被表征为不同的解释水平（Liberman et al.，2002），不同解释水平会影响事物与个体之间的心理距离。低解释水平（即具体）描述可以缩短人们感知到的与事物之间的心理距离，而高解释水平（即抽象）会拉远人们感知到的心理距离（Liberman et al.，2007），这将导致人们的情绪反应也存在差异（付晓蓉、兰欣，2020）。换言之，不同情绪情境中的线索呈现出的不同解释水平，会使得社会公众产生不同的情绪反应。

具体而言，在善因营销活动中，具体的目标表述可以缩短慈善事业与消费者之间的心理距离。这可能使消费者感知到善因事件时间上的紧急性，与自己的距离更近，与自己的关系更加紧密（孙路平、王兴元，2016），从而使消费者对受助群体产生更强的替代参与感，产生更显著的状态共情。相对地，抽象的目标表述可能拉大慈善事业与消费者之间的心理距离，使得消费者感知到善因事件离自己很遥远，关系不紧密，无法产生状态共情情绪或者共情程度较低。当前，大量研究表明个体的共情能够激发亲社会动机，与亲社会行为直接存在紧密联系（Vignemont & Singer，2006；肖凤秋等，2014），即共情程度越强烈，人们表现出亲社会行为的可能性会更高。综上可以推论，具体的目标陈述能引发消费者更强烈的状态共情，进而促使其产生亲社会动机并作出捐赠决策；而面对抽象的目标陈述，由于消费

者无法产生状态共情或者共情程度较低，其捐赠意愿也会降低。据此，提出以下假设：

假设4-2：企业善因营销中目标信息框架会对消费者的状态共情产生影响，相比于抽象的目标信息陈述，具体的陈述能引发消费者更强烈的状态共情。

假设4-3：消费者的状态共情在目标框架对捐赠意愿的影响中起中介作用，具体而言，相比于抽象的目标描述，具体的目标描述会激发消费者产生更强的状态共情，进而促使消费者产生更强的捐赠意愿。

四、人格宜人性的调节作用

人格是一种综合性的心理品质（李彩娜、周伟，2009），根据特质理论，人格特质是人格的关键组成元素，是测量人格常用的基本单位，与个体的心理行为有着直接关系（彭聃龄，2012）。已有研究表明，人格因素对个人的亲社会行为有重要影响（谢晔，2013），其中人格中的宜人性因素能促进亲社会行为（Rushton et al.，1989）。

人格宜人性（agreeableness）代表的是个体对他人的态度，高宜人性的个体更容易有信任、坦率、心软、有同情心等特点，而低宜人性的个体则相反（王艳净、耿晓伟，2016）。很多研究表明，个体人格宜人性与共情能力之间关系紧密（Sprecher & Regan，2002）。一般研究认为，人格宜人性描述了共情的一般倾向，高人格宜人性比起低宜人性的个体往往更容易产生共情（Corr et al.，2013）。王钰等（2010）通过实证研究证明，护理本科生的共情能力与其人格宜人性呈正向关系。可以推断，在企业公益传播中，对于高人格宜人性的消费者来说，无论受助群体的目标框架是抽象还是具体，相比低人格宜人性的消费者，他们都更可能产生更强的状态共情。对于低人格宜人性的消费者来说，当目标框架具体化时，他们的状态共情将强于对抽象目标框架的共情感知。据此，提出以下假设：

假设4-4：人格宜人性可以显著调节目标信息框架与消费者状态共情

之间的关系，对于低宜人性的消费者，目标信息框架对消费者状态共情的影响更为显著，而对于高宜人性的消费者来说，这种影响将削弱或消失。

本章研究框架如图 4-1 所示。

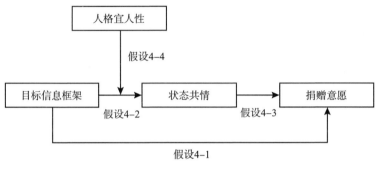

图 4-1　研究框架

第三节　实验一：目标框架对消费者捐赠意愿的影响

实验一主要有以下三个目标：其一，检验主效应以及中介效应。其二，排除可能的替代解释以增加研究的内部效度。基于归因理论（Heider，1958），消费者可能将企业慈善活动归因于利他动机（如为了社会做贡献、为消费者参与慈善创造机会等目的）或利己动机（如为了提高产品销量、为提高自己的利润水平等目的）。只有当消费者感知到其利他动机时，才更可能支持企业的善因营销活动（Youn & Kim，2018）。已有研究表明，善因营销广告中信息框架对消费者购买意愿的影响是通过利他动机感知的中介作用实现的（孙路平、王兴元，2016）。因此，利他动机感知可能解释信息框架对消费者捐赠意愿影响。同时，对利他动机感知的中介作用进行分析，排除其替代性解释作用。其三，将区别于传统善因营销方式的新型方式——慈善买单（charity checkout）作为实验情境，为企业互联网公益传播提供新思路。

一、被试与流程

本实验采用基于慈善买单情境的单因素两水平（目标框架：抽象目标信息和具体目标信息）的组内实验室实验设计。（慈善买单是企业善因营销的一种新形式，是指在账单支付环节请求消费者为公益项目或机构进行捐款（Obeng et al.，2019），由消费者提供资金，零售商选择慈善机构并将这些资金转移捐赠（Massetti et al.，2019）。实验于2021年3月28日至2021年4月1日在广东省珠海市香洲区某商业广场的星巴克咖啡与Coast-park无界咖啡两家实体咖啡店进行。在实体咖啡店采用一对一拦截的形式招募被试，共计招募被试64人（N抽象组＝32人，N具体组＝32人，其中男性31人，30岁以下被试占68.8%）。随机将被试分为两组（抽象目标信息组和具体目标信息组）。首先，向被试说明实验内容，强调实验不涉及个人隐私，实验数据仅用于学术研究；其次，在顾客自愿同意参与实验后，要求阅读一段含有星巴克咖啡品牌以及与红十字基金会合作募款活动的简要介绍，随后阅读一段在结账环节中系统弹出公益传播捐款请求的消费情境描述，其中抽象目标信息组的活动宣传语为"改善贫困地区儿童营养状况"，具体目标信息组活动宣传语为"改善甘肃省环县、会宁县20所小学学生营养状况"；最后，请被试依次回答关于目标框架的具体程度感知、状态共情感知（Cronbach's α = 0.883）、企业利他动机感知（Cronbach's α = 0.764）、捐赠意愿等测量题项和人口统计特征题项。两组实验材料的差异仅在于对受助群体目标信息的陈述程度不同。

二、变量测量

状态共情量表采用巴特森等（Batson et al.，1995）学者编制的反应量表，共由6个反映共情情感的形容词组成：同情的、心软的、想体贴的、想温暖的、感动的、怜悯的，被试基于李克特 5 级量表进行评价（1 代表"完全没有感受"——5 代表"有强烈感受"），利他动机量表采用艾伦等（Ellen et al., 2006）学者开发的感知量表，共计 6 题，题项包括"该企业试图回馈社会""该企业在乎受助主体""该企业在尽自己的道德义务""该企业为受助人提供了他们真正的需要""该企业认同受助人""该企业是在帮助消费者去帮助他人"，被试基于李克特 5 级量表进行评价（1 代表"非常不同意"——5 代表"非常同意"）。

三、实验结果

（一）操纵检验

正式实验一中设置了操纵检验题项考察被试对实验材料中目标信息框架具体程度的主观感受，以判断目标框架的设置是否有效。通过数据分析可知（如图 4 - 2 所示），具体组中被试感知到的目标信息具体程度（M = 3.31，SD = 0.693）明显高于抽象组被试（M = 2.09，SD = 0.928），两组之间存在显著性差异 [F(1, 62) = 0.918，p < 0.001]，说明目标信息框架变量被操纵成功。

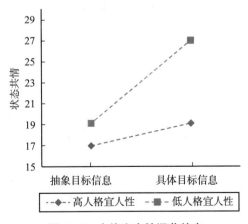

图 4 - 2　人格宜人性调节效应

（二）假设检验

独立样本 t 检验结果显示，具体组的捐赠意愿显著高于抽象组（$M_{抽象组}$ = 2.94，SD = 1.076；$N_{具体组}$ = 3.94，SD = 0.840；T = 1.510，p < 0.001），假设 4 - 1 得到支持。

根据巴伦和肯尼（Baron & Kenny，1986）提出的中介效应检验方法，采用逐步回归分析目标框架、状态共情、捐赠意愿三者的关系。结果显示自变量目标框架对因变量捐赠意愿存在显著影响（p < 0.001）（如表 4 - 1 模型 2 所示）；进而对自变量目标信息框架对中介变量状态共情的影响进行分析，结果显示自变量对中介变量存在显著影响（p < 0.001，c = 0.651）（如表 4 - 1 模型 1 所示），假设 4 - 2 成立。同样对中介变量状态共情对因变量捐赠意愿的影响进行回归分析，结果显示中介变量对因变量存在显著影响（p < 0.001，c = 0.756）（如表 4 - 1 模型 3 所示），假设 4 - 3 成立。这表明目标框架对消费者捐赠意愿的影响至少有一部分是通过状态共情来实现的。随后，引入目标框架与状态共情一起作为自变量，引入后捐赠意愿受到的影响有所减弱，回归系数降低，从 0.651 下降到 0.643（p < 0.001）。综上所述，状态共情在目标框架与捐赠意愿的关系间起到了部分中介作用。因此，假设 4 - 2 和假设 4 - 3 得到支持。

表 4 - 1　　　　　　　　　**实验一分析模型**

变量		状态共情	捐赠意愿（因变量）		
		模型 1	模型 2	模型 3	模型 4
β	目标信息框架（自变量）	0.651	1.000		0.643
	状态共情（中介变量）			0.756	
	R^2	0.210	0.217	0.250	0.321
	F	16.494	17.177	20.648	14.402
	p	0.000	0.000	0.000	0.000

利他动机感知的替代解释。以利他动机感知为中介变量进行回归分析，结果发现自变量目标信息框架对中介变量的影响不显著（$p = 0.077 > 0.05$，$R^2 = 0.05$，$F = 3.231$），排除利他动机感知这一替代解释机制。

四、讨论

实验一表明在餐饮业企业中，相比范围模糊的、抽象的目标信息陈述，具体的目标信息陈述更能引起消费者对善因事件与受助主体的状态共情，并且激发消费者更强的捐赠意愿，其中状态共情在目标框架和消费者捐赠意愿之间起到部分中介作用。此外，实验一还探讨了利他动机感知在其中的解释作用，结果表明受助主体目标框架的变化对消费者的利他动机感知影响并不显著，加强了状态共情的中介说服力。

然而，实验一设计中可能存在一些混淆变量会对实验结果产生干扰，比如，消费者对星巴克先前已经形成的品牌态度、对中国红十字会的非营利组织态度等，需要进一步做实验以进行排除。再者，实验一以咖啡饮品店这一餐饮行业代表为消费情境，证明了目标框架会对消费者捐赠意愿产生影响，但这一影响在其他情境中是否仍然成立还需进一步更换实验情境进行佐证，以提高研究结论的外部效度。

第四节 实验二：人格宜人性的调节作用

实验二主要有以下两个研究目的：其一，检验人格宜人性的调节作用；其二，通过将实验一中实验场景从餐饮行业扩展到旅游行业，扩大研究结论在企业的应用场景与行业范围，提高研究的外部效度。

一、被试与流程

实验二采用基于情境模拟的 2（宜人性：高 VS 低）×2（目标框架：

抽象 VS 具体）双因素两水平的组间实验设计。由于学生样本的内部一致性较高，能降低个体差异对研究结果的影响，并且随着代际更替，20～30岁的年轻客群将成为在线旅行社（OTA）市场的消费主力[①]，因此实验二通过在线渠道招募大学生被试进行实验。实验二于2021年4月7～10日进行，通过微信平台等在线渠道于各大学生群组招募被试，共计招募大学生被试 128 人（$N_{高宜人-抽象}$ = 35；$N_{高宜人-具体}$ = 30；$N_{低宜人-抽象}$ = 32；$N_{高宜人-具体}$ = 31），其中男性64人。

首先，要求被试填写人格宜人性量表；其次，要求被试阅读一段含有"同途"品牌以及"中国少年儿童慈善基金会"合作募款活动的简要介绍，并在火车票购买结账环节中弹出捐赠请求的消费情境描述（抽象目标信息组的捐赠宣传语为"圆大山孩子的北京梦"，具体目标信息组的捐赠宣传语为"圆贵州省黔西县新仁小学学生的北京梦"）；最后，请被试依次回答关于目标框架的具体程度感知、状态共情感知与捐赠意愿等测量题项和人口统计特征题项，各变量测量量表均与实验一保持一致。两组实验材料的差异仅在于对受助群体目标信息的陈述程度不同（抽象 VS 具体），其余均保持一致。

为了控制高、低人格宜人性各组人数的均衡，本实验采用腾讯问卷自定义问卷逻辑功能，通过后台进行实时监测，一旦各组间符合条件的回收数达到预设数，将停止回收该组别的问卷。例如，当低宜人性组有效回收至预设数后，设置"if Q1 < 30 then branch from Q1 to END"，表示当量表得分均值小于30（即低人格宜人性），则自动跳转至问卷结束页面，问卷到此结束，无须继续实验，以确保各实验组样本数的均衡。

二、变量测量

为了在正式实验中对被试人格宜人性的高低进行科学合理分组，研究

---

① 数据来源：第三方数据机构易观分析《中国在线旅游预订市场发展图鉴2019》。

者事先在大学生群组中发放宜人性测量问卷，计算出被试的人格宜人性均值，将正式实验中大于或等于均值的归为高人格宜人性组，小于均值的则归为低人格宜人性组。关于人格宜人性的测量，采用王孟成、戴晓阳等（2011）编制的中国版大五人格简式量表的宜人性分量表（Cronbach's α 0.76），以自我报告量表形式呈现，题项包括："尽管人类社会存在着一些阴暗的东西，我仍然相信人性总的来说是善良的""我觉得大部分人基本是心怀善意的""虽然社会上有些骗子，但我觉得大部分人还是可信的""我常为那些遭遇不幸的人感到难过""我不太关心别人是否受到不公正的待遇*①""我时常觉得别人的痛苦与我无关*""我是那种只照顾好自己，不替别人担忧的人*""当别人向我诉说不幸时，我常感到难过"，共计 8 个题项，采用李克特 5 级量表（1 代表"完全不符合"——5 代表"完全符合"）进行测量。经测量 30 名被试宜人性得分均值 M = 30（SD = 4.119），因此在正式实验中，宜人性量表得分均值 ≥ 30 的被试将归为高人格宜人性组，得分 < 30 的将归为低人格宜人性组。

三、实验结果

（一）操纵检验

实验二中设置了 1 道题目考察被试对实验材料中目标信息框架具体程度的主观感受，以判断目标框架的设置是否有效。通过数据分析可知，具体组被试感知到的目标信息具体程度（M = 2.80，SD = 1.222）显著高于抽象组被试 [M = 1.91，SD = 0.996；F(1，126) = 0.91，p < 0.001]，目标框架变量操纵成功。此外，经测量被试宜人性得分均值 M = 30（SD = 4.119），因此，宜人性量表得分均值 ≥ 30 的被试将归为高人格宜人性组，得分 < 30 的将归为低人格宜人性组。

———————————

① 题项标明 *，表示该题为反向计分题。

（二）假设检验

运用 SPSS25.0 软件 Process 插件，采用 Bootstrap 方法对人格宜人性调节效应进行检验。将目标框架作为自变量，人格宜人性作为调节变量，状态共情作为因变量。由于自变量与调节变量都为分类变量，因此无须对数据进行标准化处理。样本量选择 5000，在 95% 置信区间下，LLCI = 1.8538，ULCI = 9.5565，区间不含 0，表明目标框架与宜人性的交互效应显著。

具体的调节作用如图 4 - 2 所示，在高宜人性被试群体中，抽象目标与具体目标框架对状态共情作用的影响不显著 [$F(1, 63) = 0.006$, $p = 0.620$]；而在低宜人性被试群体中，目标框架对状态共情作用的影响显著 [$F(1, 61) = 1.437$, $p < 0.01$]，相对于抽象的信息框架（$M_{抽象组} = 19.45$），被试对于具体的信息框架有着更强的状态共情（$M_{具体组} = 27.31$），因此假设 4 - 4 成立。

第五节　结论与创新

一、研究结论与讨论

本章以企业善因营销传播效果为背景，研究了服务企业互联网公益传播中目标框架（具体/抽象）对消费者捐赠意愿的影响及其内在的心理机制，以及消费者不同的人格宜人性特征对该效应的调节作用，从顾客视角对企业社会责任这一议题进行探讨。本章通过两个实验对研究假设进行检验，得到以下结论：

第一，在企业公益传播中，与抽象的目标信息陈述相比，具体的目标信息陈述能够促使消费者产生更强的捐赠意愿。因此，企业在善因营销活动中，特别是在以与用户间互动为重点的互联网公益传播中，应当关注其慈善努力可触及的目标受助群体，并有效地传达给消费者，减少目标以抽象模糊、难以衡量的形式呈现在公益传播广告或宣传中，将受助群体的目标信息陈述进行具体化。例如，相比有明确地区（如贵州省会宁县小学学生）或属性范围（血友病儿童患者）的目标信息，"山区小学生""重病儿童"等笼统的目标信息陈述可能拉大消费者感知到的与善因事件、善因受助群体之间的距离，使得消费者在看到传播信息时产生更少的状态共情，从而降低了参与活动以及捐赠的意愿。

第二，目标框架不仅可以直接影响消费者捐赠意愿，还可以通过消费者状态共情的中介作用，间接影响消费者捐赠意愿。具体而言，相比抽象的目标信息陈述，具体的目标信息陈述能够激发消费者更强的状态共情，进而促使消费者产生更强的捐赠意愿。研究表明，共情的产生涉及多个系统的协同作用（刘聪慧等，2009），除了精心设计目标框架的陈述方式，企业还需要关注其他能够引发消费者状态共情的前置因素，例如，利用图像信息（Bae.，2016）可以作为一种有效手段。企业还可以选择与消费者捐赠关系更密切的内群体作为慈善事业的受助群体，例如，与消费者同国籍的人更能激发共情（定险峰、易晓明，2011）。

第三，消费群体的人格特质——宜人性，可以显著调节信息框架与状态共情之间的关系。信息框架对状态共情的影响在低宜人性群体中更为显著。因此，企业还需关注目标消费者群体的特征，特别是其人格宜人性特征，通过大数据等方式对具有高人格宜人性特征的消费者进行选定、重点关注与宣传，而对于低人格宜人格特征的消费者应当尽量呈现具体的目标信息。

二、本章的创新

本章的创新之处在于：

第一，本章从信息框架效应出发，综合运用解释水平理论，对信息框架中的目标框架对消费者捐赠意愿的影响进行探讨。以往关于目标框架的研究多是将关注点聚焦在捐赠的数量或量词以及善因诉求上，而极少对受助主体这一公益传播中更为常见的信息陈述进行讨论。本章则聚焦于受助主体的信息框架上，进一步补充了目标框架对捐赠或购买意愿影响的研究。

第二，以往信息框架对消费响应的研究多是以消费者对企业的利他动机感知作为中介变量（朱翊敏，2014；孙路平、王兴元，2016），而本章引入状态共情变量作为中介，从消费者对不同陈述方式信息的个人情绪情感反应视角出发，进一步完善了目标框架与消费者捐赠或购买意愿之间可能存在的中介机制的研究。在调节变量的选取上，本章也打破了以往从产品购买类型（享乐产品与实用产品购买）、消费购买类型（冲动消费与计划消费）（Das et al.，2016）、消费者慈善事业卷入度（孙路平、王兴元，2016）等外部因素进行探讨的思路，从消费者人格特点这一消费者内部因素进行讨论，并成功验证了消费者的人格宜人性特征会影响其对信息产生的状态共情程度。综上所述，本章通过引入状态共情作为中介变量和宜人性人格特征作为调节变量，拓展了信息目标框架与慈善捐赠的相关理论。

第三，孙路平和王兴元（2017）根据善因营销所带来的经济和社会价值，将其划分为交易型、关系型、社会型和公益型四种，其中交易型善因营销是学者们经常研究和关注的类型。这种类型的善因营销是以企业的销售量或互动量为依据，在消费者进行购买后，企业会向合作的公益项目捐赠一定比例的款项，也被称为慈善式消费。本章选用的慈善买单属于社会型善因营销，这一模式对于企业的社会责任承担能起到减轻负担的作用，也能长远地增强与消费者之间的关系管理（Massetti et al.，2019）。中国国内目前只有以肯德基、德克士为代表的百胜集团在开展慈善买单这一善因营销活动，这一方式在未来具有很强的应用前景。因此，本章以慈善买单为善因营销研究情境，具有一定的创新性与实践性。

本章参考文献

［1］陈武英，刘连启．情境对共情的影响［J］．心理科学进展，2016（1）：91－100．

［2］定险峰，易晓明．群体灾难下的慈善捐赠——共情的中介效应［J］．中国临床心理学杂志，2011（3）：363－366．

［3］付晓蓉，兰欣．共情 vs. 同情？不幸事件后社会公众的情绪反应与旅游意向研究［J］．旅游学刊，2020（12）：109－122．

［4］李彩娜，周伟．大学生社会适应与五因素人格间关系的研究［J］．中国临床心理学杂志，2009（1）：78－80．

［5］刘聪慧，王永梅，俞国良，王拥军．共情的相关理论评述及动态模型探新［J］．心理科学进展，2009（5）：964－972．

［6］彭聃龄．普通心理学（第4版）［M］．北京：北京师范大学出版社，2012．

［7］孙路平，王兴元．基于价值创造的善因营销新分类及营销策略研究［J］．山东大学学报（哲学社会科学版），2017（3）：96－100．

［8］孙路平，王兴元．善因营销广告诉求目标框架效应对消费者购买意愿的影响［J］．东岳论丛，2016（12）：144－151．

［9］王孟成，戴晓阳，姚树桥．中国大五人格问卷的初步编制Ⅲ：简式版的制定及信效度检验［J］．中国临床心理学杂志，2011（4）：454－457．

［10］王鲜萍．慈善捐赠在企业竞争中的作用［J］．经济导刊，2005（12）：86－88．

［11］王艳净，耿晓伟．大五人格宜人性与社会支持的现状［J］．中国健康心理学杂志，2016（12）：1906－1910．

［12］王钰，刘革新，吴建军．护理本科生共情及与人格的相关性研究［J］．护理学杂志，2010（3）：72－74．

［13］伍铁平．模糊语言学［M］．上海：上海外语教育出版社，

1999.

[14] 肖凤秋，郑志伟，陈英和. 共情对亲社会行为的影响及神经基础 [J]. 心理发展与教育，2014（2）：208 – 215.

[15] 谢晔. 利他人格和情境因素对于个体捐赠决策的影响 [J]. 心理与行为研究，2013（4）：535 – 540.

[16] 朱翊敏. 慈善营销广告中信息陈述方式与顺序对消费者响应的影响 [J]. 商业经济与管理，2014（4）：49 – 58.

[17] 朱翊敏. 慈善营销中契合类型与信息框架对消费者响应的影响 [J]. 南开管理评论，2014（4）：128 – 139.

[18] Andreu L, Casado – Díaz A B, Mattila A S. Effects of message appeal and service type in CSR communication strategies [J]. Journal of Business Research, 2015, 68（7）：1488 – 1495.

[19] Bae M. Effects of various types of cause-related marketing（CRM）ad appeals on consumers' visual attention, perceptions, and purchase intentions [J]. Journal of Promotion Management, 2016, 22（6）：810 – 834.

[20] Baron R M, Kenny D A. The moderator-mediator variable distinction in social psychological research：Conceptual, strategic, and statistical considerations [J]. Journal of Personality and Social Psychology, 1986, 51（6）：1173 – 1182.

[21] Batson C D, Klein T R, Highberger L, Shaw L L. Immorality from empathy-induced altruism：When compassion and justice conflict [J]. Journal of Personality and Social Psychology, 1995, 68（6）：1042 – 1054.

[22] Chang C T. To donate or not to donate? Product characteristics and framing effects of cause-related marketing on consumer purchase behavior [J]. Psychology and Marketing, 2008, 25（12）：1089 – 1110.

[23] Corr P J, DeYoung C G, McNaughton N. Motivation and personality：A neuropsychological perspective [J]. Social and Personality Psychology Compass, 2013, 7（3）：158 – 175.

［24］Das N, Guha A, Biswas A, Krishnan B. How product-cause fit and donation quantifier interact in cause-related marketing（CRM）settings: evidence of the cue congruency effect ［J］. Marketing Letters, 2016, 27（2）: 295 – 308.

［25］Dedeoǧlu B B, Taheri B, Okumus F, Gannon, M. Understanding the importance that consumers attach to social media sharing（ISMS）: Scale development and validation ［J］. Tourism Management, 2020, 76, 103954.

［26］Ellen P S, Webb D J, Mohr L A. Building corporate associations: Consumer attributions for corporate socially responsible programs ［J］. Journal of the academy of Marketing Science, 2006, 34（2）: 147 – 157.

［27］Heider F. The Psychology of Interpersonal Relations ［M］. New York: John Wiley and Son, 1958.

［28］Kleber J, Florack A, Chladek A. How to present donations: The moderating role of numeracy in cause-related marketing ［J］. Journal of Consumer Marketing, 2016, 33（3）: 153 – 161.

［29］Lee E Y, Chu K. The effect of partitioned framing vs. all-inclusive framing of donation amount on prosocial behavior: Focus on the moderation effect of psychological characteristics ［J］. Frontiers in Psychology, 2023（14）.

［30］Levin I P, Gaeth G J. How consumers are affected by the framing of attribute information before and after consuming the product ［J］. Journal of consumer research, 1988, 15（3）: 374 – 378.

［31］Levin I P, Schneider S L, Gaeth G J. All frames are not created equal: A typologyand critical analysis of framing effects ［J］. Organizational behavior and human decision processes, 1998, 76（2）: 149 – 188.

［32］Liberman N, Sagristano M D, Trope Y. The effect of temporal distance on level of mental construal ［J］. Journal of experimental social psychology, 2002, 38（6）: 523 – 534.

［33］Liberman N, Trope Y, McCrea S M, Sherman S J. The effect of level of construal on the temporal distance of activity enactment ［J］. Journal of Experimental Social Psychology, 2007, 43 （1）: 143 – 149.

［34］ Massetti B, Mohr I, Murphy – Holahan M. Changing attitudes toward checkout charity ［J］. International Journal of Marketing Studies, 2019, 11 （4）: 60 – 68.

［35］ Obeng E, Nakhata C, Kuo H C. Paying it forward: The reciprocal effect of superior service on charity at checkout ［J］. Journal of Business Research, 2019 （98）: 250 – 260.

［36］ Pérez A, García de los Salmones M del M, Baraibar – Diez E. Effects of the Type of CSR Discourse for Utilitarian and Hedonic Services ［J］. Sustainability, 2020, 12 （12）: 4821.

［37］ Ptacek J J, Salazar G. Enlightened self-interest: Selling business on the benefits of cause-related marketing ［J］. Nonprofit World, 1997 （15）: 9.

［38］ Rhou Y, Singal M. A review of the business case for CSR in the hospitality industry ［J］. International Journal of Hospitality Management, 2020 （84）: 102330.

［39］ Rudd M, Aaker J, Norton M I. Getting the most out of giving: Concretely framing a prosocial goal maximizes happiness ［J］. Journal of Experimental Social Psychology, 2014 （54）: 11 – 24.

［40］ Rushton J P, Fulker D W, Neale M C, Nias D K, Eysenck H J. Ageing and the relation of aggression, altruism and assertiveness scales to the Eysenck Personality Questionnaire ［J］. Personality and individual differences, 1989, 10 （2）: 261 – 263.

［41］ Shin S, Ki E J. Understanding environmental tweets of for-profits and nonprofits and their effects on user responses ［J］. Management Decision, 2021, 60 （1）: 211 – 230.

［42］ Sprecher S, Regan P C. Liking some things （in some people） more than others: Partner preferences in romantic relationships and friendships ［J］.

Journal of Social and Personal Relationships, 2002, 19 (4): 463 –481.

[43] Tversky A, Kahneman D. The framing of decisions and the psychology of choice [J]. science, 1981, 211 (4481): 453 –458.

[44] Vignemont F D, Singer T. The empathic brain: How, when and why? [J]. Trends in Cognitive Ences, 2006 (10): 435 –441.

[45] Wirth J, Künsting J, Leutner D. The impact of goal specificity and goal type on learning outcome and cognitive load [J]. Computers in Human Behavior, 2009, 25 (2): 299 –305.

[46] Youn S, Kim H. Temporal duration and attribution process of cause-related marketing: Moderating roles of self-construal and product involvement [J]. International Journal of Advertising, 2016, 37 (2): 217 –235.

[47] Yucel – Aybat O, Hsieh M H. Consumer mindsets matter: Benefit framing and firm-cause fit in the persuasiveness of cause-related marketing campaigns [J]. Journal of Business Research, 2021 (129): 418 –427.

第五章

社区视角的企业社会责任

尽管企业社会责任在学术研究中已经成为重要议题，但小型企业家（SMEs）的企业社会责任决策在现有研究中受到的关注却严重不足。本章引入管理学中的"工作嵌入"概念，将其作为评估个体在组织和社区层面上嵌入的关键工具，旨在深入研究小企业主的工作嵌入对企业社会责任决策的影响，并识别地方依恋作为功能和情感纽带在这一过程中的重要作用。研究结果表明，随着工作嵌入程度的加深，小企业主对地方的功能和情感态度也会增强，从而积极影响企业社会责任决策。这一发现与嵌入理论强调的资源交换的互惠性原则和信任网络机制相一致。本章填补了关于小型企业家企业社会责任活动的研究不足，具有一定的理论意义。

第一节　研究问题

无论是理论还是实践，企业社会责任已经得到越来越多的关注（Christou et al.，2018；Li et al.，2017；Li et al.，2015；Fatima & Elbanna，2023）。目前，已有不少知名企业（例如，星巴克、麦当劳等）将大量资源用在开展企业社会责任活动上，并通过主动的营销沟通工具来培养消费者对企业社会责任活动的认可（Li et al.，2019；Dalal & Aljarah，2021；Ali et al.，2021）。同时，关于企业社会责任的理论研究已经在企业如何进行企业社会责任决策（Calveras，2015）、企业如何实施企业社会责任（Horng et al.，2017；Bihari & Shajahan，2023；Mellahi et al.，2023）以及企业社会责任对企业、员工、消费者多方利益相关者的影响方面取得了一定的进展（Theodoulidis et al.，2017；Kang & Namkung，2017；Youn et al.，2018；Liu et al.，2014；Lin et al.，2022）。回顾现有研究发现，企业社会责任相关研究尚存在以下不足之处：其一，现有研究往往从企业、员工、消费者视角出发，极少从企业主的角度进行分析；其二，现有研究主要针对大型企业展开（Fuller & Tian，2006），对小型企业的社会责任关注较为稀缺。为数不多的关于中小企业的社会责任研究（Njite et al.，2011；Tamajón & Font，2013；Wang et al.，2018；Khanal et al.，2021），也主要沿用大企业的研究逻辑和研究思路，并没有认识到小型企业社会责任决策的特殊性，研究结果缺乏针对性，甚至存在不准确之处。

事实上，小型企业不是"小型大企业"（Jenkins，2004），小型企业与大型企业截然不同。小型企业大部分在本地经营，往往是独立的、多任务的、资金有限的，很大程度上依赖于内部资源为其增长提供资金（Lepoutre & Heene，2006）。小型企业通常以基于私人关系的非正式方式来管理与利益相关者的关系，并由企业主直接负责，具有高度的个性化（Russo & Perrini，2010）。此外，小型企业所有权与管理权的结合强调了企业主个人与组织关系上的混合（Lähdesmäki & Suutari，2012）。正如富勒和田（Fuller & Tian，2006）所述，小型企业的经营本质在于其"个人"属性，企业主个人就代表着整个企业。因此，对于小型企业的企业主来说，企业的成功与他们自身的成就密切相关。小型企业所有权和控制权的结合以及企业主个人和组织关系的混合也影响到企业及企业主与当地社区的关系（Lähdesmäki & Suutari，2012）。小型企业是当地社区的一部分，嵌入在当地环境中（Spence，2016），与地方有着更直接的联系。这一嵌入性意味着企业更多地受到当地社区其他行动者行为的影响（Spence，2016）。维亚卡纳姆等（Vyakarnam et al.，1997）指出小型企业在地方社区的嵌入特性使得企业主必须努力提高其在社区居民内部和居民之间的声誉、信任、合法性和共识，这些无形资产也是小型企业社会资本的重要方面（Spence & Schmidpeter，2003）。尽管小型企业因其灵活性而备受赞誉，但企业主有时却不得不为了企业的生存而别无选择（Piperopoulos，2010）。小型企业具有生产、消费在空间上并存及一体化的空间锁定（Spatial Fix）特征（Yrigoy & Brouder，2014），其小企业主拥有强烈的与当地建立起联系的动机（Su & Chen，2017），更需要嵌入于地方情境当中，以谋求企业成长与发展。

范兹奎茨和洛佩兹（Vázquez - Carrasco & López - Pérez，2013）呼吁学者关注嵌入性作为中小企业社会责任行为的理论基础。嵌入理论强调了网络资源的重要性（Granovetter，1985），企业主往往能够通过履行社会责任来获取重要资源以实现企业成长（Sen & Cowley，2013），其中，个人在当地社区的嵌入在企业社会责任实践中起到重要作用（Blombäck & Wigren - Kristoferson，2014）。目前，已经有少数学者使用嵌入框架来揭示和分析企业社会责任（Blombäck & Wigren - Kristoferson，2014），但往往会使用大企业的研究视角去研究小企业，或从公司层面和代理人视角而非企业主视角开展研究。正如前面提到的，小企业的社会责任与大企业明显不同，更多地受到小企业主的个人态度及地方情境的影响（Spence，2016），而并非像大企业一样有着系统且理性的管理决策过程（Li et al.，2017）。因此，大企业发展的企业社会责任理论并不能成套移植到小企业社会责任的研究中（Murillo & Lozano，2009）。事实上，企业主在地方舞台扮演着重要角色，其在地方上的嵌入往往会影响到有关行为决策，其中暗含着对社会负责的有关实践（Blombäck & Wigren - Kristoferson，2014）。

小型企业中企业主个人关系与组织关系的混合，使得企业主作为个体行动主体往往不可避免地嵌入工作所在的组织和生活所在的社区的社会关系中（Su & Chen，2017）。更重要的是，小企业主通常无法将自己的组织生活与个人生活很好地区分开来（Besser & Miller，2004），他们总是在工作与生活两个领域之间转换角色并相互影响，来自这两个领域的资源往往交织在一起，对企业主行为产生重要影响（Peake et al.，2017）。基于此，本章试图引入管理学中表示个体在组织和社区两个层面嵌入性的重要概念——工作嵌入，作为衡量小企业主地方嵌入性的重要指标，以求更加具体和有针对性地剖析小企业主在地方上的嵌入性与其社会责任实践的内在关系。此外，依据嵌入理论中的互惠性原则和信任网络机制，小企业主在地方上的嵌入会影响其对地方资源的强烈依赖（功能性依恋）和对地方网络成员的情感态度（情感性依恋），亦即影响企业主对地方环境和成员的态度变化，从而影响小型企业在地方上的社会责任行为。

基于以上背景，本章将从小企业主个体层面出发，将企业主视为嵌入地方社会网络中的个体行动者，研究企业主在地方上的嵌入对其社会责任行为实践的重要影响。本章将会使用大型问卷调研的方式，以中国三个中小企业发展较好、企业社会责任活动较活跃的地方为样本点，对小企业主的工作嵌入、地方依恋及企业社会责任决策展开研究。具体而言，本章将会探索：（1）小企业主工作嵌入对其企业社会责任决策的影响；（2）社区嵌入和组织嵌入的作用是否存在差异；（3）地方依恋在企业主工作嵌入与企业社会责任决策中的中介作用。当前，针对小企业主的工作嵌入与其企业社会责任决策的研究较少，本章旨在补充现有研究的基础上，深化已有的企业社会责任研究。

第二节 文献综述与研究假设

一、小型企业的企业社会责任

现有关于企业社会责任的研究多以大型企业为研究对象，聚焦于小型企业社会责任的研究相对有限（Coles et al.，2013）。然而，由于大企业与小企业的内在差异，现有结论可能并不适用于小型企业。部分学者已经开始关注小企业的社会责任研究（Lepoutre & Heene，2006；Ben et al.，2018），并指出小型企业与大型企业的社会责任存在显著差异。从社会责任的履行动机来看，詹金斯（Jenkins，2004）认为利益相关者管理、风险、声誉、消费者压力、员工激励、员工留职、财务绩效等企业社会责任激励因素几乎都是基于大企业进行的研究，与小企业之间的相关性仍有待考量；鲁索和佩里尼（Russo & Perrini，2010）进一步提出小型企业承担社会责任是由于企业主自身的价值观，而非社会公众期望或媒体可见度等战略动机。还有一些学者也强调，理解小企业社会责任实践的关键，需要重视企业主在小企业中的重要价值。贾马利等（Jamali et al.，2009）认为不同于大公司受到强制及既定规范的制约，小型企业从事社会责任的动机始终源于小企业所有者或管理者；维维斯（Vives，2006）也指出小企业活动往往可以反映企业主的价值观、性格、态度、教育背景和身份等，这将会对企业社会责任产生直接作用。综上所述，小企业的行为经常被理解为企业主心理特征的相关反映，这些特征必然会根据个人特点不同而有很大差异。由此，企业主的自身认知便会对企业参与社会责任产生重要影响（Jenkins，2004）。

大企业和小企业所有者或管理者角色的差异性也导致了企业社会责任实践方法上的不同。大型企业倾向于使用高度正式的企业社会责任方法，通常由专门的职能部门制定企业社会责任战略，并进行年度社会责任报告。此外，大型企业可以制定一系列的国际标准、协议和原则，例如 FTSE4Good 或 SA8000，这使得大企业的社会责任实践更加具有规范性、可测量性和可识别性。相比之下，小企业主倾向于以非正式的方式参与企业社会责任，不需要涉及大量的投资或成本。最重要的是，小企业主通常不会用社会责任来描述这些活动，他们甚至没有意识到企业社会责任这个概念，或不认为他们自己明确地参与了社会责任实践的有关方面（Vives，2006）。学者指出小型企业实行的大多是"沉默的企业社会责任"或"沉迷的企业社会责任"，且小企业往往"不自觉地对社会负责"（Jenkins，2004），由于员工和社区的要求，许多社会责任活动都是自然而然地发展起来的。思朋斯（Spence，2016）指出，小企业的资源依赖限制了它们从事宏大的企业社会责任活动，它们大多数的社会责任活动都是小型的、微妙的和不可见的，常常被嵌入于日常实践中，这使得小企业社会责任的实践更加具体化和情境化。

此外，从企业与社会的关系来看，企业社会责任体现了企业与社会之间的相互影响，对企业社会责任的研究通常被视为属于"企业与社会"这一特定学科。对于大型企业而言，需要考虑全社会或以国家和地区为定义的多重社会因素，因此有许多经营单位或战略业务单位，以确保员工在地理上的分散性。然而，小型企业的关注点并非社会或国家，而是它们所在的单个社区，这些社区由独立的经营单位组成，主要依赖当地劳动力，由小企业主私人持有和管理，并为本地市场提供服务（Jenkins，2004）。正如维维斯（Vives，2006）所指出的，小企业本身就是地方性机构，是当地社区的一部分，其所有者、管理者、员工等利益相关者大多来自同一个社区。相应地，小型企业的企业社会责任实践通常是在本地社区范围内进行的（Thompson & Smith，1991），社区作为最大和最明显的利益相关者群体，是小企业履行社会责任的重要对象（Dzansi & Pretorius，2009）。思朋斯（Spence，1999）认为基于对当地社区的亲密依附，小企业主会嵌入更深层次的社会关系。邱等（Khoo et al.，2007）则进一步指出，小企业主往往在增强人际联结和接近社区方面扮演着更重要的社会角色，他们会将社区视为"家"，与当地居民和社区的联结成为小企业履行社会责任的促进因素。因此，对企业主的人际互动与社会关系的强调有助于我们理解小企业的社会责任行为（Murillo & Lozano，2006）。

综上所述，相较于大企业的社会责任，小企业社会责任的特殊性主要表现在以下几个方面：首先，小企业主对企业社会责任实践起到决定性作用；其次，小企业的社会责任活动大多是情境化的，常常被嵌入于日常实践当中；另外，小企业主在利益相关者社区中的嵌入性在促进对社会负责任的行为中起到重要作用；最后，小企业嵌入在社区中与社区内的利益相关者之间的人际互动及关系网络的建立有助于我们理解企业社会责任行为。基于此，本章从嵌入理论视角出发，从企业主的层面探讨地方嵌入对小企业社会责任行为的影响机制。

二、小企业主的工作嵌入与企业社会责任

嵌入（embeddedness）反映了经济行为在认知、社会结构、制度和文化等方面的嵌入性（Polanyi，1957），认为个体行动者是"嵌入"于具体的、当前的社会关系网络中，正是在这种格局中，社会个体作出符合自身目的、能实现自己愿望的选择。格兰诺维特（Granovetter，1985）进一步指出，嵌入性将人类对有目的行动尝试置于具体的、持续的社会关系互动模式中，人是嵌入于具体的社会关系网络中的行动者，个人经济行为会受到网络中的各种规则性期望以及互惠性原则的影响。关于嵌入与社会责任的关系，富勒和田（Fuller & Tian，2006）认为小企业主的地方嵌入性在塑造企业社会责任行为中起着重要作用。小企业主不会在真空中作出关于企业社会责任的决策（Lähdesmäki，2012），相反地，他们的社会责任行为是由社会背景支撑的。企业主往往以不同方式嵌入当地社会的不同层面来认识和识别机会（Jack & Anderson，2002），这些对于理解个体行为者如何看待当地社区的责任尤为重要。根据格兰诺维特（Granovetter，1985）的嵌入概念，由于个人关系和企业内部或企业之间的关系网络，市场上出现了秩序，而恰恰是企业所有者或管理者与其利益相关者之间非正式的个人关系网络能够产生信任。小企业对于利益相关者的认同和信任使彼此的关系变得更加个人化并与当地社区进行了整合（Grayson，2006），在一定程度上促进了小企业社会责任的履行。小企业的空间锁定特征使得企业主的嵌入特性更加明显，最终，小企业主成为地方舞台的重要成员，他们作为商业成员的角色与其他角色（例如，邻居、家庭成员等）重叠，从而承担起促进当地社区发展的责任（Blombäck & Wigren‐Kristoferson，2014）。

米切尔等（Mitchell et al.，2001）将嵌入性的概念应用于组织管理研究，基于网络化的社会生活提出了工作嵌入（job embeddedness）的概念，并将其表述为"工作嵌入性就像一张网，使人'陷入（stuck）'其中"。具有高度嵌入性的人拥有许多紧密的社会联结，并可以以多种关系组合的

方式嵌入其工作与生活的社会网络中。李等（Lee et al.，2004）进一步将工作嵌入分解为工作内嵌入和工作外嵌入，亦即组织嵌入和社区嵌入，它们分别包括三个核心部分，即联结（link）、匹配（fit）和牺牲（sacrifice）。这三个构成与两个剖面构成了一个 3×2 的矩阵结构，这一多维度结构得到了大多数研究者的认同，为工作嵌入的进一步可操作化提供了一定基础。

社区嵌入描述了个体在社区层面的依附关系。在地方社区中，小企业主以一种特定的方式感知环境和行动空间，他们在社区内的认知嵌入性连接了其与社区居民共同的价值观、群体信任、历史互惠和有界的团结（Anderson et al.，2012），提供了道德义务、成员利益和责任意识的本地化标准（Anderson & Miller，2003）。这些价值观和道德标准塑造了他们的目标和策略（Blombäck & Wigren‐Kristoferson，2014），从而采取对社区居民负责任的行为。此外，小企业主与利益相关者在社区中建立的私人关系也会影响到他们的地方责任感（Courrent & Gundolf，2009），并塑造企业与当地社区的关系。对关系的关注反过来又可以被看作对那些与关系有关的道德价值的强调以及由此延伸出的内在责任（Lähdesmäki，2012）。从社区嵌入的三个构成来看，社区联结代表个人与社区的正式和非正式关系，在社交网络、心理网络和经济网络中，有很多因素将小企业主与其家人及非工作的朋友、团体和社区联系起来，形成了社区层面的关系网络。这些关系网络成为企业重要的社会资本，最终对企业尤其是小企业的成长产生重要的促进作用（Donckels & Lambrecht，1995）。基于格兰诺维特（Granovetter，1985）强调的社会网络交换的互惠性原则，企业为了获取成长所需的社会资源，会对嵌入在社区关系网络中的利益相关者群体履行一定的社会责任，以期在未来对企业绩效产生一定影响。社区匹配代表着个体对所处环境的亲近感和舒适感。对社区环境的满意度促使个体对个人发展和幸福感的提升，从而自发地保护他们所在的社区，即履行社会责任实践（Junot et al.，2018）。社区牺牲代表了作为社区的一员所获得的物质和心理利益，也是个体在社区中所获得的社会支持（Wijayanto & Kismono，

2004）。拉德斯马基和苏塔里（Lähdesmäki & Suutari，2012）提出来自利益相关者群体的社会支持会影响企业社会责任的履行，嵌入社区利益相关者网络中的企业主认识到嵌入理论强调的互惠逻辑，将对社区负责任的行为视为交换关系的必要因素，企业社会责任被建构为对社区支持的互惠反应。

组织嵌入描述了个体在组织层面的依附关系。组织联结代表着小企业主与组织中其他个人交往的正式和非正式的关系。随着小企业主在组织内嵌入程度的加深，他们倾向于与组织中的其他个体（主要是员工）产生更多联系，甚至是亲密关系。小企业主通常将企业视为一个大家庭，与员工之间的互动具有一定的私人性质，有些员工甚至是他们的家庭成员，彼此之间有着深厚的亲密关系，这种亲密关系促使小企业主积极履行对员工的社会责任（Lähdesmäki，2012）。组织匹配代表着个体对与自己的组织和谐相处或感到舒适的看法，重要的是个体与企业价值观的匹配，价值观匹配会激发个体对组织的积极态度和为组织努力的意愿（Netemeyer & Boles，1997）。对于小企业而言，企业只是企业主个人的延伸（Hallak，Assaker & Lee，2015），企业主的个人价值观嵌入企业中形成企业价值观，企业主价值观得到充分展现，产生为企业努力的意愿（Lee et al.，2004）。"开明的利己模型"表明，企业主和其所在社区之间存在一种互惠的、共生的关系，这种互惠共生关系是提高长期绩效的理性商业战略的基础（Miller & Besser，2000）。为获取企业的长期绩效，企业社会责任成为企业主合理的战略选择（Blombäck & Wigren – Kristoferson，2014）。从物质利益上讲，小企业主实现企业良好的经营绩效；从心理利益上讲，小企业主在企业中获得与员工之间的良好关系。这些物质和心理上的利益赋予了地方重要的功能和情感意义，从而产生对地方的保护意愿（Mckeever，Jack & Anderson，2015）。综上所述，本章提出以下假设：

假设 5 – 1：小企业主的组织嵌入对小企业社会责任具有显著的正向影响；企业主的组织嵌入度越高，企业履行社会责任的可能性就越高。

假设 5 – 2：小企业主的社区嵌入对小企业社会责任具有显著的正向影

响。企业主的社区嵌入度越高，企业履行社会责任的可能性就越高。

三、工作嵌入与地方依恋

地方依恋是指个人与特定地方之间的积极情感纽带，其主要特征是个人表现出与该地方的接近倾向（Hidalgo & Hernandez，2001）。斯坎内尔和吉福德（Scannell & Gifford，2010）在梳理地方依恋概念时，进一步提出了"地方依恋"的三维框架，强调行动者（人）、心理过程和依恋对象（地方）的重要性。关于地方依恋的研究已经是一个较为成熟的话题，有关理论和研究已经取得颇多成果。博纳乌托等（Bonaiuto et al.，2002）指出，对地方有经济投资的人对地方更容易产生依赖，小企业主作为企业投资者涉及对地方的经济投入，更可能会对地方产生一定程度上的依恋感。因此，对地方依恋研究主体的关注重点应该部分转移到小企业主身上，深入探究小企业主地方依恋所产生的重要作用。

关于工作嵌入与地方依恋的关系，维贾延托和基蒙诺（Wijayanto & Kimono，2004）指出工作嵌入作为情境因素，代表工作和社区环境中的系列因素，能够影响个体对组织和地方的依恋感。如前所述，组织嵌入和社区嵌入分别包括联结、匹配和牺牲三个维度。联结可表征为个人、机构和其他人之间正式和非正式的依赖性关系。嵌入性观念认为个体的各种社会关系将其在社会上和心理上与家庭和经济性网络联结起来，这个网络包括工作的和非工作的朋友、群体和员工所生活的自然环境。这种在工作和所生活社区内的社会关系网络联结，作为个体重要的社会关系，是个人身份发展的基础，特别是地方认同的基础，更是产生地方依恋的重要因素（Tumanan & Lansangan，2012）。匹配被定义为个体所感知到的与一个组织或社区环境的相容性，强调的是个体与外在环境的依附。米切尔等（Mitchell et al.，2001）认为个体与工作及组织的匹配性能够与对组织的依恋性关联起来，维贾延托和基蒙诺（Wijayanto & Kismono，2004）也提出，与社区和组织的契合度越高，个体对组织和社区的依恋感就越高。牺性被研究者界定为因个人离职将会丧失感知到的物质利益和社会心理上的预期利益，换句话说，高工作嵌入的小企业主与地方的物质属性联结越强，越能够形成地方依赖（Ramkissoon et al.，2012）。

由于组织通常是嵌入地方的，对组织的嵌入或依附感作为地方重要的社会、经济、文化特质，会影响个体的地方依恋（Dredge，2010）。小企业主从组织匹配（组织相容性）、组织牺牲（物质利益）和组织联结（心理联结）三个方面嵌入组织中，使得组织成为对实现个人目标有益的外在环境，使地方之间有所区别，产生地方依恋（Hallak et al.，2013）。此外，社区匹配（社区环境、外在环境）、社区牺牲（物质利益、经济基础）和社区联结（关系网络联结）构成了小企业主社区嵌入的主要内容。梅施和马诺尔（Mesch & Manor，1998）的研究表明，地方依恋程度与地方的社会人际关系呈正相关，人们居住的地方会因为他与家人、朋友和其他居民之间社会关系的发展而变得更有意义。鲁瓦克（Lewicka，2010）的研究显示邻里间关系紧密是家庭和邻里依恋产生的重要原因，在居住地的强关系会使得该地方更有意义，由此产生更多的情感联结。珀金斯和龙（Perkins & Long，2002）指出，在地方中的社会关系（社会联结或归属感）和情感关系都基于共同的历史联系和利益关注，加强与邻里各方之间的社会联系相当于增强所谓的个人社会资本，这与地方依恋的产生是显著正相关的。综上所述，本章提出以下假设：

假设5-3：小企业主的组织嵌入对其地方依恋具有显著的正向影响，企业主的组织嵌入度越高，其地方依恋感越强；

假设5-4：小企业主的社区嵌入对其地方依恋具有显著的正向影响，企业主的社区嵌入度越高，其地方依恋感越强。

四、工作嵌入、地方依恋与企业社会责任决策

地方依恋强调与特定地方的交互和联结是承诺感、责任和地方管理的重要来源（Relph，1976）。个体对地方积极的情感依恋会影响其在地方上

相应的行为反应（Dredge，2010），通常被视为是个体对地方的一种强烈的保护意愿（Scannell & Gifford，2010），由此产生的行为反应往往涉及对地方的责任和承诺（Relph，1976）。就企业主而言，对地方有依恋感的小企业主会产生一种对他人负责和关心的想法（Lähdesmäki，2012），并从互惠和共同目标的角度理解企业与社区的关系，认识到社区参与的重要性并帮助地方建设（Mckeever et al.，2015）。现有研究也验证了地方依恋对社会责任行为的积极作用。例如，维贾延托和基蒙诺（Wijayanto & Kimono，2004）验证了个体对其组织及其周围社区的心理依恋能够增强个体责任感；鲁瓦克（2005）提出个人的地方依恋会影响其参与和支持当地社区的公民行为；瓦斯科和科布林（Vaske & Kobrin，2001）通过实证分析论证了个体的地方依恋对环境责任行为的显著正向影响。霍拉克等（Hallak et al.，2013）通过结构方程模型分析发现小企业经营者对地方的依恋程度对其社区支持活动具有显著的积极影响，反过来也会对企业绩效产生积极影响。

地方依恋由地方认同和地方依赖两个方面构成。地方认同是一种情感性依恋，是人与地方在情感、认知和实践层面的交互作用下产生的对地方心理上的归属认同感，是个人认同的组成部分（Budruk et al.，2009），即个人或群体以地方为媒介实现对自身的定义。学者对地方认同、个人认同、社会认同以及对地方的态度和行为之间的关系进行分析（Pretty et al.，2003），指出这种自我认同表现为情感上认为自己是属于地方的一分子，以及对自己作为"局内人"的感知。一方面，这种认同增强了小企业主的群体归属感（Hammitt et al.，2009），使小企业主的选择、行动和反应更符合地方利益（Wakefield et al.，2001）。另一方面，地方认同促使小企业主重视的价值与群体核心价值相匹配，并受到群体其他成员的期望影响（Georg，1999），形成群体规范。当小企业主形成群体认同，体验到个体重视的价值与群体核心价值相符时，便会积极内化群体规范，并致力于捍卫群体利益和承担群体责任（Roth & Steffens，2014）。这种责任行为被解释为"当一个人意识到自己属于所认同社区的一份子时，他期望从中获得资源，但当社区需要他们提供资源时，他们也会提供善意的支持"（Pretty et al.，2003）。

地方依赖被认为是个人与地方的功能性联系，是根据地方对个体的独特性和功能性价值来判断的（Ramkissoon et al.，2012）。从这一角度看，个人会根据功能来评估地方，也就是说，地方提供的特性和条件在多大程度上能够支持特定目标或期望活动（Junot et al.，2018）。对于小企业主来说，他们评估的是地方是否为他们提供了创造物质利益以及实现自我和生活方式目标的机会（Hallak et al.，2012）。地方依赖感越强，该地方越能够实现小企业主的目标追求，满足他们的个体需求，从而促进小企业主的个人发展和幸福（Junot et al.，2018）。地方所赋予的这种幸福感会促使小企业主形成对地方的承诺（Vaske & Kobrin，2001）。此外，地方依赖强调地方的物质属性，对当地社会和物质层面的体验又可能会影响到小企业主对当地的身份认同（Prayag & Ryan，2012），从而作用于小企业主对地方社区的支持（Hallak et al.，2012），包括小企业主对地方履行的社会责任。

综上所述，嵌入表示个人与地方环境联系的本质、深度和程度，也是企业主通过社会关系、网络和地方联结系统成为当地社会结构的一部分的重要机制（Mckeever et al.，2015）。由此，小企业主将自己构建为特定社会结构（如工作社区、家庭或当地社区）的嵌入成员（Lähdesmäki，2012），与地方发生联系。企业主与地方的联系有两个相关但不同的维度，即情感和功能上的依恋。在情感意义上，嵌入组织和社区的个体被认为是他们周围环境的一部分，创造了一种自我、环境、人和地方的认同感，这与地方责任感有关（Mckeever et al.，2015）。在功能意义上，地方知识和关系网络带来了企业社会资本收益，激发其对地方的保护意愿（Mckeever et al.，2015）。最终，本章结合嵌入理论和地方依恋理论，识别出"地方依恋"作为嵌入影响社会责任行为实践的一个重要中介，建立起"嵌入—地方依恋—社会责任行为"的作用机制，并将这一作用机制运用到工作嵌入与社会责任行为关系问题的研究上，提出以下假设：

假设5-5：小企业主的地方依恋对企业社会责任行为具有显著的正向影响，企业主的地方依恋感越强，企业履行社会责任的可能性就越强。

假设5-6：小企业主的地方依恋在组织嵌入对企业社会责任行为的影响中起到中介作用。

假设5-7：小企业主的地方依恋在社区嵌入对企业社会责任行为的影响中起到中介作用。

根据以上内容，本章提出小企业主的工作嵌入、地方依恋与企业社会责任决策研究模型，如图5-1所示。

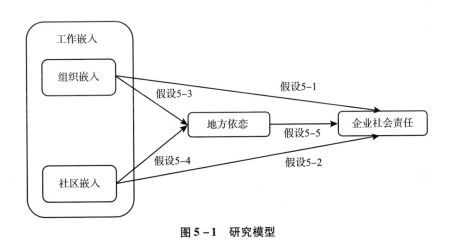

图5-1　研究模型

第三节　研究设计

一、数据收集与样本

本章采用判断抽样（judgment sampling）的方式来选取受访对象。为了能够抽取到具有代表性的小企业，首先要对中国各地区小企业的发展状况有充分的认识和了解，然后基于这些经验知识，通过判断抽样的方式从小企业总体中抽取典型的小企业作为调研样本单位。按照对中国小企业发展现状的判断，并结合资源可进入性，最终选择在中国南部小企业发展最好的广东、福建以及广西三个省份的六个城市展开实地调研。本章研究对象为小企业主，但由于小企业主是依托于小企业而存在，对于小企业主的抽样会先涉及对小企业的抽样。本章主要是通过以下两个步骤来完成调研样本的抽样：第一步，选取调研案例地（在案例地的选取过程中，除了考虑小企业的发展状况外，还重点考虑了研究人员的可进入性和调研难度）；第二步，选取合适的小企业。在具体被调研对象的选取上，调研人员前往案例地实地调研后，尽可能多地针对每个小企业进行上门邀请被试者参与调查，实行调研人员和被调研对象"一对一"地现场发放和现场回收调研问卷。此外，调研人员在选择企业时会避免过度集中于任何一个部门，尽可能使调研对象包含多个部门下的小企业。据此，在选择被调研对象时，主要依据以下4点：（1）中小企业类型包含餐饮、住宿（家庭旅馆、精品客栈）、商店等多种类型；（2）企业雇员人数1~50人；（3）受访对象为小企业的所有者、投资者；（4）受访者愿意接受调研。

最终，研究人员通过39天的正式调研，共发放问卷436份，回收411份有效问卷，有效问卷占比94%。在411位受访者中，男性（58.6%）多于女性（41.4%）、外地人（72.7%）多于本地人（27.3%）、受教育程度专科以下水平占71%；此外，调查样本的年龄段主要集中在45岁以下（90.3%），尤其是35岁以下受访者占据68.1%，这与中国现阶段二代企业家逐渐崛起的趋势相吻合。从企业变量来看，调查样本涵盖了民宿客栈（51.8%）、餐馆饭店（18.5%）、酒吧咖啡及饮品店（11.4%）、商店（手工艺、纪念品、特产店）（14.4%）及其他（3.9%）等多种类型小企业。

二、测量工具

本章各构念的测量均来自被已有文献验证的成熟量表。首先，通过对量表测量题项进行英汉回译，并与小企业主企业经营情境相匹配，以进行量表修正，形成初步的调研问卷，使之符合中国人的阅读习惯，并能被小企业主所理解。其次，经过小规模的初步测试后形成正式的调研问卷。在正式调研问卷中，组织嵌入、社区嵌入、地方依恋以及企业社会责任的 Cronbach's α 系数值均大于 0.764，说明量表测量题项具有较好的内部一致性。

自变量工作嵌入（job embeddedness）包含两个层面的嵌入：组织嵌入（OE）和社区嵌入（CE）。组织嵌入采用（Lee et al.，2004）开发的量表测量，经过修正后包括 9 个测量题项。组织嵌入包含三个维度：组织—匹配、组织—牺牲和组织—联结。其中"组织—匹配"和"组织—牺牲"两个维度共 6 个测量题项采用李克特 5 点计分的叙述语句来测量小企业主对有关描述的态度倾向（1 = "非常不同意"，5 = "非常同意"）；关于"组织—联结"的 2 个测量题项则采用李克特 5 点尺度来测量小企业主的社区联结情况，例如，针对题项"您管理或运营这家企业多长时间了？"设置 5 个项目供小企业主选择："1 年以内""1~2 年""2~3 年""3~4 年""4 年及以上"。社区嵌入包含社区—匹配、社区—牺牲和社区—联结三个维度，量表测量题项来源于李等（2004）开发的社区嵌入量表，经过修正后共形成 10 个正式题项。其中，"社区—匹配"和"社区—牺牲"共 7 个测量题项采用李克特 5 点计分来测量（1 = "非常不同意"，5 = "非常同意"）；"社区—联结"的 3 个测量题项则采用李克特 5 点计分的选择项目测量，如针对题项"您目前的婚姻状态？"设置 5 个项目供小企业主选择："未婚""离婚无子女""离婚有子女""已婚无子女""已婚有子女"。

本章的因变量为企业社会责任（CSR）。根据麦克威廉姆斯和西格尔（Mcwilliams & Siegel，2001）的研究，本章将小企业的社会责任界定为企业主为社会利益而采取的系列行动，并将法律和经济成分排除在外，主要包括三个重要维度：员工责任、社区责任和环境责任。企业社会责任的测量量表来源于特克（Turker，2009）的研究。由于小企业的社会责任实践和策略是非正式的（Vives，2006），往往具有高度情境依赖性。因此，本章在已有量表基础上，根据小企业社会责任的具体实践对社会责任量表进行修正，形成初步量表，并在初步测试后确定正式量表，最终形成 9 个测量题项。各题项采用李克特 5 点计分测量小企业主有关社会责任实践的行为频率（1 = "从不"至 5 = "经常"）。企业社会责任测量的最大问题是受访者可能会受到社会称许性影响而倾向于以默认方式答题或倾向于给自己打高分。为此，本研究对回收到的企业社会责任数据进行单样本 K - S 正态分布检验，其渐进显著性水平为 0.052，大于临界标准 0.05，说明企业社会责任数据符合正态分布，是可信的。

中介变量地方依恋（PA）的测量题项来自凯尔等（Kyle et al.，2003）提出的二维度量表（地方认同、地方依赖），经过修正后共形成 7 个测量题项。量表采用李克特 5 点尺度的叙述语句测量小企业主对有关描述的态度倾向（1 = "非常不同意"，5 = "非常同意"）。此外，受访者的年龄、性别、受教育程度以及地方性特征等人口统计变量以及企业经营类型、企业经营年限和企业员工数量等企业特征变量对企业社会责任的影响被控制。

第四节　数据统计与分析

一、信效度检验

通过验证性因子分析（confirmatory factor analysis，CFA）检验变量的信度和效度，以及测量模型适配度。结果表明，除了 CE10 和 PA4 外，其他测量题项的 R^2 都在 0.2 以上，说明整体测量题项具有较好的个别信度（Fornell & Larcker，1981）。所有潜变量的组合信度（CR）均大于判别标准 0.60（如表 5 - 1 所示），说明所有潜变量具有较好的信度

（Bagozzi & Yi，1988）。在聚合效度方面，除了个别题项（CE10、PA4）外，其他题项的标准化因子载荷均大于 0.50 的判别标准；所有潜变量的平均提取方差（AVE）均大于 0.50，说明潜变量的聚合效度较好（Fornell & Larcker，1981）。在区分效度方面，各潜变量之间的相关系数均小于 0.80（如表 5 - 1）；AVE 的平方根大于各相关系数，说明量表的区分效度较好（Fornell & Larcker，1981）。此外，各潜变量的测量模型的拟合指标结果如下：χ^2/df 均小于 3，RMSEA 均小于 0.08，CFI、TLI、IFI 和 GFI 四个指标值均大于 0.9；整体测量模型拟合指数除 TLI 接近 0.9 外，其他拟合指数均满足标准，说明组织嵌入、社区嵌入、地方依恋和企业社会责任各分量表以及整体量表均具有良好的结构效度（Frumkin，2003）。

表 5 - 1　　　　　　　　　各维度的信效度（N = 411）

变量	Cronbach's α	CR	AVE	1	2	3	4	5
社区嵌入	0.81	0.91	0.51	1				
组织嵌入	0.74	0.91	0.55	0.53 **	1			
地方依恋	0.88	0.90	0.60	0.69 **	0.60 **	1		
外部企业社会责任	0.83	0.87	0.53	0.43 **	0.41 **	0.42 **	1	
内部企业社会责任	0.78	0.80	0.50	0.27 **	0.37 **	0.31 **	0.51 **	1

注：** 表示 p < 0.01。

二、假设检验

通过对预测变量方差膨胀因子（VIF）的计算来判断变量间是否存在共线性问题。所有变量的 VIF 值在 1.453 ~ 2.108，远低于临界值 10，说明变量间不存在多重共线性问题，可进行进一步的层级回归分析。中介效应检验依据巴伦和肯尼（1986）的检验步骤，并对相关人口统计变量和企业特征变量进行了控制。

在控制了人口统计变量和企业特征变量的影响后，组织嵌入对小企业主的企业社会责任（M2，$\beta = 0.475 = c_1$，$p < 0.001$）有显著正向影响，假设5-1得到验证。组织嵌入对地方依恋（M3，$\beta = 0.612 = a_1$，$p < 0.001$）有显著正向影响，假设5-3得到验证。此外，当组织嵌入与地方依恋同时被纳入回归后，组织嵌入对企业社会责任的影响改变，回归系数（M5，$\beta = 0.350 = c_1$，$p < 0.001$）变小但仍然显著。同时，地方依恋对企业社会责任有显著正向影响（M8，$\beta = 0.382 = b$，$p < 0.001$），假设5-5得到验证，说明地方依恋在组织嵌入与企业社会责任之间起着部分中介作用。至此，假设5-6得到验证。

社区嵌入对小企业主的企业社会责任（M5，$\beta = 0.471 = c_2$，$p < 0.001$）有显著正向影响，假设5-2得到验证。社区嵌入对地方依恋（M6，$\beta = 0.710 = a_2$，$p < 0.001$）有显著正向影响，假设5-4得到验证。此外，当社区嵌入与地方依恋同时被纳入回归，社区嵌入对企业社会责任的影响发生变化，回归系数（M7，$\beta = 0.343 = c_2$，$p < 0.001$）变小但仍然显著，说明地方依恋在社区嵌入与企业社会责任之间起着部分中介作用。至此，假设5-7得到验证。

此外，Bootstrap 法被用于进一步验证地方依恋的中介效应（如表5-2所示），Bootstrapping 样本量被设置为5000，取95%的置信区间。Bootstrap法是在大多数情况下获取特定间接效应置信区间的最有效且可行的方法（Zhang et al.，2018）。Bootstrapping 的结果显示，地方依恋在组织嵌入与企业社会责任之间的间接效应的 95% 置信区间（LLCI = 0.067，ULCI = 0.228）不包含0，表明地方依恋在组织嵌入与社会责任行为之间的中介作用显著，且中介效应大小为 0.142。此外，组织嵌入对企业社会责任的直接影响显著（LLC = 0.319，ULCI = 0.567）。因此，地方依恋在组织嵌入与企业社会责任之间发挥着部分中介作用。此外，Bootstrap 法也证明了地方依恋在社区嵌入与企业社会责任之间的中介作用显著（间接效应的95% CI：LLCI = 0.047，ULCI = 0.219；$\beta = 0.133$），且发挥着部分中介作用（直接效应的95% CI：LLCI = 0.212，ULCI = 0.447）。

表5-2 地方依恋的中介效应分析——Bootstrapping（N=411）

Bootstrapping	BootSE	Z	p	Effect	95% CI	
					LLCI	ULCI
CE—PA—External CSR	0.051	6.819	0.000	0.346	0.270	0.432
CE—PA—Internal CSR	0.050	5.164	0.000	0.260	0.178	0.346
OE—PA—External CSR	0.040	5.151	0.000	0.208	0.148	0.283
OE—PA—Internal CSR	0.041	3.823	0.000	0.157	0.100	0.241

注：External CSR 指外部企业社会责任，Internal CSR 指内部企业社会责任。

第五节 结论与讨论

一、研究结论

根据实证分析结果，可以得到以下结论：小企业主的工作嵌入（包括组织嵌入和社区嵌入）是影响社会责任决策的重要因素。这一影响作用的发挥是基于"工作嵌入—地方依恋—社会责任"的具体实现机制，机制的运作依赖于嵌入理论所强调的资源交换的互惠性原则和信任网络机制，具体运作过程主要通过对地方的功能性依恋和情感性依恋两个方面展开。就组织嵌入而言，组织联结意味着小企业主与组织内员工之间形成了网络联结关系，联结程度越高，个人依赖组织的程度就越强（Pretty et al., 2003）。组织匹配意味着企业主与其创立或管理的小企业之间的高度匹配，表现为企业主自身经营管理目标的实现。组织牺牲则意味着企业主经营企业获取的较高利润，并满足其自尊和被尊重的心理需要。企业主对组织的依赖、经营管理目标的实现以及自尊和被尊重心理的满足都是在地方舞台上实现的，小企业主通过在地方上经营企业实现自我展现（Manzo，2005），产生对该地方的功能依恋。就社区嵌入而言，社区联结意味着小企业主在社区内建立起网络化的社交关系，这种社交联结不仅拉近了小企业主与当地社区的距离，还使他们成为地方的重要组成部分，激发了他们对自身作为社区成员身份的感知，从而产生了对社区的归属感。社区匹配则意味着小企业主与社区环境的相容性，表现出对社区外在环境的依附，在一定程度上体现为小企业主追求生活方式目标的实现；社区牺牲则意味着小企业主对地方上物质和资源的依赖，从侧面反映出小企业主在地方上有着较高程度的经济和资本嵌入，并从中获得了可观的物质收益。社区匹配和社区牺牲都能够促使小企业主产生对社区物质资源的功能性依恋。

此外，随着工作嵌入度的加深，对地方产生更强的资源依赖以及情感依恋，促使小企业主履行嵌入在关系网络中的利益相关者的相应责任。小企业主嵌入组织和社区生活中，与组织内的员工和社区内的家人、朋友乃至社区居民，包括各种社会因素、经济因素以及环境或物理因素等产生一定的互动关系，建立起各种各样的关系网络。一方面，这一关系网络能够提供企业成长发展所需的各种资源，随着嵌入程度的加深，小企业主产生对这些资源的强烈依赖（功能性依恋），以期实现小企业的成长与发展。基于资源交换的互惠性原则，小企业主为了从嵌入网络中获取一定的社会资源，往往愿意付出一定成本为网络成员提供社会支持，通过履行相应的社会责任，以期在未来获得对方的相应回报。由此，小企业参与社会责任往往不是因为有人说这样做是好的，而是因为这样做对于企业成长与发展是有意义的（Morsing & Perrini，2009；Cheffi et al.，2021）。另一方面，随着嵌入程度的加深，关系网络中的信任机制会从特殊信任扩散到社区层面的普遍信任，小企业主产生自身内部情感和认知的相应变化（产生对地方的情感性依恋），对社区形成情感认同。这种依恋感往往会刺激小企业主的利他主义倾向，包括对社区及与社区有关的人履行相应的社会责任。

二、研究贡献

目前，关于嵌入与企业社会责任之间的关系已经引起了学者们的初步关注，但有关研究仍然相对匮乏，且只是建立起嵌入与社会责任之间的简单关系，尚未深入挖掘嵌入发挥作用的具体机制。本章依据嵌入理论中的互惠性原则和信任网络机制，探究了工作嵌入在构建小企业社会责任行为解释过程中的具体作用，强调了地方依恋（包括企业主对地方资源的功能性依恋以及对地方网络成员的情感性依恋）的重要中介作用。本章的理论贡献主要如下：

（1）小企业主作为地方经济的重要参与者，也是地方网络中的重要成员，其态度和行为往往成为地方社区发展的催化剂（Hallak et al.，2013）。由此，本章关注小企业主个体层面，强调企业主在社会责任行为决策方面的重要作用，支持了阿奎莱拉等（Aguilera et al.，2007）的企业社会责任需要在不同层面进行研究的重要论点，同时也与伍德（Wood，1991）关于详细阐述个人责任的呼吁相呼应。此外，研究突出了小企业社会责任行为实践的地方属性，即小企业作为地方上的嵌入实体，其利益相关者大都来自同一个社区（Vives，2006）。相应地，企业社会责任实践通常是在本地社区范围内，具有明显的"小企业特色"，验证了弗莱曼（Freeman，1998）所指出的企业社会责任行为是在小企业主与本地社区之间的关系互动中产生的。

（2）由于工作嵌入是基于嵌入理论提出的一个重要概念，本章中对小企业主工作嵌入的有关研究结论也能够在一定程度上应用到地方上更广泛情境下的嵌入层面，以深入理解个体行动者与地方舞台的互动关系如何转化为企业社会责任行为实践。小企业和地方社区在企业社会责任背景下相互关联的过程可以运用嵌入理论中的互惠性原则和信任网络机制来解释。其中，嵌入理论的互惠性原则对企业社会责任行为的解释也验证了小企业社会责任研究中拥有"共同命运"基本原理（Besser & Miller，2004）的自利模型（Keim，1978）。此外，与自利模型提出的"做好事"对企业有利的基本观点一致，互惠性导致的良性循环带来的整个社区福利和经济上的成功，加深了对企业社会责任与企业和社区成功之间相互关系的理解（Lähdesmäki & Suutari，2012）。

（3）本章通过对嵌入理论的探讨，在验证了布隆巴克和维格伦（Blombäck & Wigren‑Kristoferson，2014）关于嵌入与社会责任关系的有关结论基础上，进一步识别出地方依恋在嵌入对社会责任行为实践影响机制中的重要中介作用。突出了小企业主与地方社区关系（人地关系）的重要性，有助于学者们更加深入地剖析小企业主嵌入—地方依恋—社会责任行为之间的关系，为企业社会责任的嵌入理论提供有意义的借鉴。此外，对社区的地方依恋涉及对地方资源的依赖以及对地方网络成员认同的重要作用，这在一定程度上验证了小型企业社会责任研究成果中的社会资本理论（Besser et al.，2006），强调嵌入在相互认识和认知网络中的关系及其网络作为资源（社会资本）的重要性。

三、实践启示

本章引入工作嵌入概念，强调小企业主在组织和社区层面的地方嵌入重要性，并进一步识别出小企业主在工作内外的关系网络联结、与组织和社区的匹配度以及离开组织和社区可能带来的损失等对其社会责任行为的正向影响，有助于地方社区管理者制定相关措施。即从上述三方面入手，促进小企业主在企业内部及地方社区内的深度嵌入，尤其重视小企业主与地方社区的良好匹配，强调地方社区管理者有选择性地吸引投资者的重要性。

本章识别出社会交换的互惠性原则和信任网络机制在嵌入对企业社会责任发挥作用过程中的重要性。在小企业和地方寻求竞争优势和经济发展过程中，维持企业与社区及其社区网络成员间的互惠良性循环能力具有决定性作用。小企业将以与地方社区如何对待它们相对称的方式来回应社区，这对于塑造企业社会责任具有重要的作用。因此，地方社区应该重视这一互惠逻辑，为小企业主提供支持和帮助。此外，地方社区也应重视对社区物质和文化氛围环境的营造，搭建成员互动平台，加强企业主与社区内其他成员的互动与联系，强化小企业主对社区网络成员的普遍信任，增强对地方的情感认同，从而激发其履行对社区及成员的社会责任。

本章识别出小企业主的地方依恋作为工作嵌入对企业社会责任发挥作用的重要中介，强调企业主与社区之间的互动关系（地方依恋）的重要作用，揭示了企业与地方之间形成的良好互动才是促进企业与社区共同发展的关键，为社区对待小企业在地方上投资发展的态度和行为提供指导。小型企业社会责任的履行能够为地方社区发展作出重要贡献，是地方可持续发展的重要资源；地方也应该以积极的态度对待小企业，增强小企业主对地方的依恋感，激励其履行相应的社会责任。

本章参考文献

［1］Aguilera R V, Rupp D E, Williams C A, Ganapathi J. Putting the S Back in Corporate Social Responsibility：a Multilevel Theory of Social Change in Organizations ［J］. Academy of Management Review, 2007, 32（3）：836 – 863.

［2］Ali W, Danni Y, Latif B, Kouser R, Baqader S. Corporate Social Responsibility and Customer Loyalty in Food Chains—Mediating Role of Customer Satisfaction and Corporate Reputation ［J］. Sustainability, 2021, 13（16）：8681.

［3］Bagozzi R P. Evaluating structural equation models with unobservable variables and measurement error：A comment ［J］. Journal of Marketing Research, 1981, 18（3）：375 – 381.

［4］Bagozzi R P, Yi Y. On the evaluation of structural equation models ［J］. Journal of the Academy of Marketing Science, 1988, 14（1）：33 – 46.

［5］Baron R M, Kenny D A. The moderator-mediator variable distinction in social psychological research：Conceptual, strategic, and statistical considerations ［J］. Journal of Personality and Social Psychology, 1986, 51（6）：1173.

［6］Ben Youssef K, Leicht T, Pellicelli M, Kitchen P J. The importance of corporate social responsibility (CSR) for branding and business success in small and medium-sized enterprises (SME) in a business-to-distributor (B2D) context [J]. Journal of Strategic Marketing, 2018, 26 (8): 723 – 739.

[7] Besser T L, Miller N J. The risks of enlightened self-interest: Small businesses and support for community [J]. Business & Society, 2004, 43 (4): 398 – 425.

[8] Bhattacharyya S S, Verma S. The intellectual contours of corporate social responsibility literature: Co-citation analysis study [J]. International Journal of Sociology and Social Policy, 2020, 40 (11/12): 1551 – 1583.

[9] Bihari A, Shajahan P K. Changing CSR practices of corporates-a study of institutionalization of mandated corporate social responsibility in India [J]. International Journal of Law and Management, 2023, 65 (2): 105 – 124.

[10] Blombäck A, Wigren – Kristoferson C. Corporate community responsibility as an outcome of individual embeddedness [J]. Social Responsibility Journal, 2014, 10 (2): 297 – 315.

[11] Bonaiuto M, Carrus G, Martorella H, Bonnes M. Local identity processes and environmental attitudes in land use changes: The case of natural protected areas [J]. Journal of Economic Psychology, 2002, 23 (5): 631 – 653.

[12] Budruk M, Thomas H, Tyrrell T. Urban green spaces: a study of place attachment and environmental attitudes in india [J]. Society & Natural Resources, 2009, 22 (9): 824 – 839.

[13] Calveras A. Corporate social responsibility strategy in the hotel industry: evidence from the Balearic Islands [J]. International Journal of Tourism Research, 2015, 17 (4): 399 – 408.

[14] Cheffi W, Malesios C, Abdel – Maksoud A, Abdennadher S, Dey P. Corporate social responsibility antecedents and practices as a path to enhance organizational performance: The case of small and medium sized enterprises in

an emerging economy country [J]. Corporate Social Responsibility and Environmental Management, 2021, 28 (6): 1647 – 1663.

[15] Christou P, Farmaki A, Evangelou G. Nurturing nostalgia?: a response from rural tourism stakeholders [J]. Tourism Management, 2018 (69): 42 – 51.

[16] Coles T, Fenclova E, Dinan C. Tourism and corporate social responsibility: A critical review and research agenda [J]. Tourism Management Perspectives, 2013 (6): 122 – 141.

[17] Courrent J M, Gundolf K. Proximity and micro-enterprise manager's ethics: A French empirical study of responsible business attitudes [J]. Journal of Business Ethics, 2009 (88): 749 – 762.

[18] Dalal B, Aljarah A. How Brand Symbolism, Perceived Service Quality, and CSR Skepticism Influence Consumers to Engage in Citizenship Behavior [J]. Sustainability, 2021, 13 (11): 6021.

[19] Donckels R, Lambrecht J. Networks and small business growth: An explanatory model [J]. Small Business Economics, 1995, 7 (4): 273 – 289.

[20] Dredge D. Place change and tourism development conflict: evaluating public interest [J]. Tourism Management, 2010, 31 (1): 104 – 112.

[21] Fatima T, Elbanna S. Corporate Social Responsibility (CSR) Implementation: A Review and a Research Agenda Towards an Integrative Framework [J]. Journal of Business Ethics, 2023, 183 (1): 105 – 121.

[22] Fornell C, Larcker D F. Evaluating structural equation models with unobservable variables and measurement error [J]. Journal of marketing research, 1981, 18 (1): 39 – 50.

[23] Freeman R E. Divergent stakeholder theory [J]. Academy of management review, 1998, 24 (2): 233 – 236.

[24] Frumkin H. Healthy Places: Exploring the Evidence [J]. American Journal of Public Health, 2003, 93 (9): 1451 – 1456.

[25] Fuller T, Tian Y. Social and symbolic capital and responsible entrepreneurship: An empirical investigation of SME narratives [J]. Journal of Business Ethics, 2006, 67 (3): 287 – 304.

[26] Granovetter M. Economic action and social structure: The problem of embeddedness [J]. American Journal of Sociology, 1985, 91 (3): 481 – 510.

[27] Grayson K. Friendship versus business in marketing relationships [J]. Journal of Marketing, 2006, 71 (4): 121 – 139.

[28] Hallak R, Assaker G, Lee C. Tourism entrepreneurship performance: the effects of place identity, self-efficacy, and gender [J]. Journal of Travel Research, 2015, 54 (1): 36 – 51.

[29] Hallak R, Brown G, Lindsay N J. Examining tourism SME owners' place attachment, support for community and business performance: the role of the enlightened self-interest model [J]. Journal of Sustainable Tourism, 2013, 21 (5): 658 – 678.

[30] Hallak R, Brown G, Lindsay N J. The place identity-performance relationship among tourism entrepreneurs: a structural equation modelling analysis [J]. Tourism Management, 2012, 33 (1): 143 – 154.

[31] Hammitt W E, Kyle G T, Oh C – O. Comparison of Place Bonding Models in Recreation Resource Management [J]. Journal of Leisure Research, 2009, 41 (1): 57 – 72.

[32] Hidalgo M C, Hernandez B. Place attachment: Conceptual and empirical questions [J]. Journal of Environmental Psychology, 2001, 21 (3): 273 – 281.

[33] Horng J S, Hsu H, Tsai C Y. The conceptual framework for ethics and corporate social responsibility in Taiwanese tourism industry [J]. Asia Pacific Journal of Tourism Research, 2017, 22 (12): 1274 – 1294.

[34] Jack S L, Anderson A R. The effects of embeddedness on the entrepreneurial process [J]. Journal of Business Venturing, 2002, 17 (5): 467 –

487.

[35] Jamali D, Zanhour M, Keshishian T. Peculiar strengths and rela-tional attributes of SMEs in the context of CSR [J]. Journal of Business Ethics, 2009 (87): 355 – 377.

[36] Jenkins H. A critique of conventional CSR theory: An SME perspec-tive [J]. Journal of General Management, 2004, 29 (4): 37 – 57.

[37] Judith Kenner Thompson, Smith H L. Social responsibility and small business: suggestions for research [J]. Journal of Small Business Management, 1991, 29 (1): 30 – 44.

[38] Junot A, Paquet Y, Fenouillet F. Place attachment influence on hu-man well-being and general pro-environmental behaviors [J]. Journal of Theo-retical Social Psychology, 2018, 2 (2): 49 – 57.

[39] Kang J W, Namkung Y. The effect of corporate social responsibility on brand equity and the moderating role of ethical consumerism: The case of Starbucks [J]. Journal of Hospitality & Tourism Research, 2017, 42 (7): 1130 – 1151.

[40] Karaosmanoglu E, Altinigne N, Isiksal D G. CSR motivation and customer extra-role behavior: Moderation of ethical corporate identity [J]. Journal of Business Research, 2016, 69 (10): 4161 – 4167.

[41] Keim G D. Corporate social responsibility: An assessment of the en-lightened self-interest model [J]. Academy of Management Review, 1978, 3 (1): 32 – 39.

[42] Khanal A, Akhtaruzzaman M, Kularatne I. The influence of social media on stakeholder engagement and the corporate social responsibility of small businesses [J]. Corporate Social Responsibility and Environmental Manage-ment, 2021, 28 (6): 1921 – 1929.

[43] Kyle G, Graefe A, Manning R, Bacon J. An Examination of the Relationship between Leisure Activity Involvement and Place Attachment among

Hikers Along the Appalachian Trail [J]. Journal of Leisure Research, 2003, 35 (3): 249 –273.

[44] Lee T W, Mitchell T R, Sablynski C J, Burton J P, Holtom B C. The Effects of Job Embeddedness on Organizational Citizenship, Job Perform-ance, Volitional Absences, and Voluntary Turnover [J]. Academy of Manage-ment Journal, 2004, 47 (5): 711 –722.

[45] Lepoutre J, Heene A. Investigating the Impact of Firm Size on Small Business Social Responsibility: A Critical Review [J]. Journal of Business Eth-ics, 2006, 67 (3): 257 –273.

[46] Lewicka M. Ways to make people active: The role of place attach-ment, cultural capital, and neighborhood ties [J]. Journal of Environmental Psychology, 2005, 25 (4): 381 –395.

[47] Lähdesmäki M. Construction of owner-manager identity in corporate social responsibility discourse [J]. Business Ethics: A European Review, 2012, 21 (2): 168 –182.

[48] Lin Y T, Liu N C, Lin J – W. Firms' adoption of CSR initiatives and employees' organizational commitment: Organizational CSR climate and employees' CSR – induced attributions as mediators [J]. Journal of Business Research, 2022 (140): 626 –637.

[49] Li Y, Fang S, Huan T – C T. Consumer response to discontinuation of corporate social responsibility activities of hotels [J]. International Journal of Hospitality Management, 2017 (64): 41 –50.

[50] Li Y, Fu H, Huang S S. Does conspicuous decoration style influ-ence customer's intention to purchase? The moderating effect of CSR practices [J]. International Journal of Hospitality Management, 2015 (51): 19 –29.

[51] Li Y, Liu B, Huan T – C. Renewal or not? Consumer response to a renewed corporate social responsibility strategy: Evidence from the coffee shop industry [J]. Tourism Management, 2019 (72): 170 –179.

［52］Manzo L C. For better or worse: Exploring multiple dimensions of place meaning ［J］. Journal of Environmental Psychology, 2005, 25 (1): 67 - 86.

［53］McKeever E, Jack S, Anderson A. Embedded entrepreneurship in the creative re-construction of place ［J］. Journal of Business Venturing, 2015, 30 (1): 50 - 65.

［54］McWilliams A, Siegel D. Profit maximizing corporate social responsibility ［J］. Academy of Management Review, 2001, 26 (4): 504 - 505.

［55］Mellahi K, Rettab B, Sharma S, Hughes M, Hughes P. Changes in corporate social responsibility activity during a pandemic: The case of COVID - 19 ［J］. Business Ethics, the Environment & Responsibility, 2023, 32 (S3): 270 - 290.

［56］Mesch G S, Manor O. Social ties, environmental perception, and local attachment ［J］. Environment and Behavior, 1998, 30 (4): 504 - 519.

［57］Mitchell T R, Holtom B C, Lee T W, Sablynski C J, Erez M. Why People Stay: Using Job Embeddedness to Predict Voluntary Turnover ［J］. Academy of Management Journal, 2001, 44 (6): 1102 - 1121.

［58］Murillo D, Lozano J M. Pushing forward SME CSR through a network: an account from the Catalan model ［J］. Business Ethics: A European Review, 2009, 18 (1): 7 - 20.

［59］Muske G, Woods M, Swinney J, Khoo C L. Small businesses and the community: Their role and importance within a state's economy ［J］. The Journal of Extension, 2007, 45 (1): 13.

［60］Netemeyer R G, Boles J S, McKee D O, McMurrian R. An investigation into the antecedents of organizational citizenship behaviors in a personal selling context ［J］. Journal of Marketing, 1997, 61 (3): 85 - 98.

［61］Njite D, Hancer M, Slevitch L. Exploring corporate social responsibility: A managers' perspective on how and why small independent hotels engage with their communities ［J］. Journal of Quality Assurance in Hospitality & Tourism, 2011, 12 (3): 177 –201.

［62］ Peake W O, Cooper D, Fitzgerald M A, Muske G. Family business participation in community social responsibility: The moderating effect of gender ［J］. Journal of Business Ethics, 2015, 142 (2): 325 –343.

［63］ Perkins D D, Long D A. Neighborhood sense of community and social capital: A multi-level analysis ［M］. In Psychological sense of community: Research, applications, and implications (pp. 291 –318). Boston, MA: Springer US, 2002.

［64］ Piperopoulos P. Ethnic minority businesses and immigrant entrepreneurship in Greece ［J］. Journal of Small Business and Enterprise Development, 2010, 17 (1): 139 –158.

［65］ Prayag G, Ryan C. Antecedents of tourists' loyalty to Mauritius: The role and influence of destination image, place attachment, personal involvement, and satisfaction ［J］. Journal of Travel Research, 2012, 51 (3): 342 –356.

［66］ Pretty G H, Chipuer H M, Bramston P. Sense of place amongst adolescents and adults in two rural Australian towns: The discriminating features of place attachment, sense of community and place dependence in relation to place identity ［J］. Journal of Environmental Psychology, 2003, 23 (3): 273 –287.

［67］ Ramkissoon H, Weiler B, Smith L D G. Place attachment and pro-environmental behaviour in national parks: the development of a conceptual framework ［J］. Journal of Sustainable Tourism, 2012, 20 (2): 257 –276.

［68］ Relph E. Place and placelessness (Vol. 67) ［M］. London: Pion, 1976.

［69］ Roth J, Steffens M C. When I becomes we ［J］. Social Psychology, 2014, 45 (4): 253 –264.

［70］ Russo A, Perrini F. Investigating stakeholder theory and social capital: CSR in large firms and SMEs ［J］. Journal of Business Ethics, 2010, 91 (2): 207 – 221.

［71］ Scannell L, Gifford R. Defining place attachment: A tripartite organizing framework ［J］. Journal of Environmental Psychology, 2010, 30 (1): 1 – 10.

［72］ Sen S, Cowley J. The relevance of stakeholder theory and social capital theory in the context of CSR in SMEs: An Australian perspective ［J］. Journal of Business Ethics, 2013 (118): 413 – 427.

［73］ Spence L J. Small business social responsibility ［J］. Business & Society, 2014, 55 (1): 23 – 55.

［74］ Su X, Chen Z. Embeddedness and migrant tourism entrepreneurs: A Polanyian perspective ［J］. Environment and Planning A: Economy and Space, 2017, 49 (3): 652 – 669.

［75］ Tamajón L G, Font X. Corporate social responsibility in tourism small and medium enterprises evidence from Europe and Latin America ［J］. Tourism Management Perspectives, 2013 (7): 38 – 46.

［76］ Theodoulidis B, Diaz D, Crotto F, Rancati E. Exploring corporate social responsibility and financial performance through stakeholder theory in the tourism industries ［J］. Tourism Management, 2017 (62): 173 – 188.

［77］ Tingchi Liu M, Anthony Wong I, Rongwei C, Tseng T H. Do perceived CSR initiatives enhance customer preference and loyalty in casinos? ［J］. International Journal of Contemporary Hospitality Management, 2014, 26 (7): 1024 – 1045.

［78］ Tumanan M A R, Lansangan J R G. More than just a cuppa coffee: A multi-dimensional approach towards analyzing the factors that define place attachment ［J］. International Journal of Hospitality Management, 2012, 31 (2): 529 – 534.

［79］ Turker D. How corporate social responsibility influences organizational commitment ［J］. Journal of Business Ethics, 2008, 89 (2): 189 – 204.

［80］ Vaske J J, Kobrin K C. Place attachment and environmentally responsible behavior ［J］. The Journal of Environmental Education, 2001, 32 (4): 16 – 21.

［81］ Vives A. Social and environmental responsibility in small and medium enterprises in Latin America ［J］. Journal of Corporate Citizenship, 2006 (21): 39 – 50.

［82］ Vyakarnam S, Bailey A, Myers A, Burnett D. Towards an understanding of ethical behaviour in small firms ［J］. Journal of Business Ethics, 1997 (16): 1625 – 1636.

［83］ Vázquez – Carrasco R, López – Pérez M E. Small & medium-sized enterprises and Corporate Social Responsibility: a systematic review of the literature ［J］. Quality & Quantity, 2013 (47): 3205 – 3218.

［84］ Wakefield S E, Elliott S J, Cole D C, Eyles J D. Environmental risk and (re) action: air quality, health, and civic involvement in an urban industrial neighbourhood ［J］. Health & Place, 2001, 7 (3): 163 – 177.

［85］ Wang C, Xu H, Li G, Chen J L. Community social responsibility and the performance of small tourism enterprises: Moderating effects of entrepreneurs' demographics ［J］. International Journal of Tourism Research, 2018, 20 (6): 685 – 697.

［86］ Wijayanto B R, Kismono G. The effect of job embeddedness on organizational citizenship behavior ［J］. Gadjah Mada International Journal of Business, 2004, 6 (3): 335 – 354.

［87］ Yao Dzansi D, Pretorius M. The development and structural confirmation of an instrument for measuring the social responsibility of small and micro business in the African context ［J］. Social Responsibility Journal, 2009, 5 (4): 450 – 463.

［88］Youn H, Lee K, Lee S. Effects of corporate social responsibility on employees in the casino industry ［J］. Tourism management, 2018 （68）: 328 – 335.

［89］Yrigoy I. The production of tourist spaces as a spatial fix ［J］. Tourism Geographies, 2014, 16 （4）: 636 – 652.

第六章

遗产旅游地视角的企业社会责任

保护遗产并使之真实完整地传承下去是一种责任，但目前的研究尚未深入探讨具体应由谁来承担这一责任以及具体承担哪些责任。现有的遗产责任研究，一方面割裂了利益相关者之间的联系，仅从单个利益相关者视角进行测量；另一方面注重"为己责任"，忽略了列维纳斯责任观中更为重要的"为他责任"。这些不足导致了现有研究难以解决遗产旅游地多元矛盾及遗产地责任不明晰等难题。因而，本章开创性地在同一个尺度下对比游客和居民两个利益相关者，同时考虑为己责任和为他责任，编制并检验基于游客和居民视角的遗产地遗产责任量表。研究发现，基于游客和居民视角的遗产责任量表分别包含 6 个维度（29 个指标）和 4 个维度（28 个指标），在维度结构上有相似性，且均包含"为他责任"维度；两者之间也存在差异，主要体现在对他人态度和经济支持维度上。本章为后续遗产责任研究和多利益相关者遗产责任对比分析奠定了测量基础，具有一定理论价值，也为解决遗产旅游地多元矛盾和管理困境提供一定指引。

第一节 研究问题

随着遗产旅游的发展，遗产旅游地的矛盾和冲突日益显现，遗产责任逐渐受到学者和业界的关注（张朝枝，2014；Ma et al.，2022；Mutanga et al.，2024）。保护遗产并确保其真实完整地传承下去是遗产旅游发展的前提，也是一种责任。然而，由谁来承担这一责任以及具体承担哪些责任仍缺乏深入研究。在发展中国家，特别是中国，由于遗产化过程中产权主体不清晰（张朝枝、徐红罡，2007），相应的责任主体也不明确，导致各利益相关者不愿意承担相应的遗产保护责任，遗产管理者也面临着一系列遗产保护难题。这些问题需要各利益相关者明确各自的权责才能得以有效解决（张朝枝，2014）。因此，从多利益相关者主体来探究"什么是遗产责任、承担什么样的遗产责任"成为遗产责任研究的核心议题（张朝枝，2014）。

现有遗产旅游地遗产责任研究主要存在两大不足：一方面，聚焦于单一利益相关者视角，如旅游企业（Frey & George，2010；Inoue & Lee，2011；Theodoulidis et al.，2017；Lee et al.，2013；Tamajón & Aulet，2013；彭雪蓉等，2013；王彩萍等，2015；Wang & Le，2022）、游客（Caruana et al.，2014；Gao et al.，2017；Kang & Moscardo，2006；Su & Swanson，2017；Thapa，2010；范钧等，2014；Siddiqui et al.，2023）、当地居民（Grimwood & Doubleday，2013a；Grimwood & Doubleday，2013b；Nyaupane & Timothy，2010；Zhao et al.，2016；张朝枝等，2015；Liang et al.，2023）等，尚没有同时针对多利益相关者的研究，而将不同利益相关者割裂开来，仅对单个利益相关者进行研究，难以解决遗产保护难题。另一方面，注重为己责任，忽视为他责任。列维纳斯（Levinas，1969）认为，责任是一个主体间性的事件，关涉我与他者的关系，不单是为己的，而且是为他的。现有遗产责任的研究关注的重点是为己责任视角，即个人采取负责任行为是为了个人利益或者集体利益，而关于列维纳斯责任观中为他责任维度的研究却较少，谷慧敏等（2011）关于命运共同体和利益共同体的分类是为数不多的研究之一。事实上，在列维纳斯责任观中，为他责任比为己责任更为重要（顾红亮，2006a）。这两个研究不足导致了遗产旅游地多元矛盾和遗产责任权责不明晰等问题。

为弥补现有研究的不足，本章首次将列维纳斯的"为己责任"和"为他责任"同时纳入研究范畴，对遗产旅游地游客及居民两个利益相关者感知的遗产责任进行测量。通过定性访谈和定量分析，使用扎根理论、因子分析、结构方程模型等方法，本章开发出基于游客和基于居民视角的遗产地遗产责任量表。通过对比研究，本章还进一步明晰了基于游客的遗产责任量表与基于居民的遗产责任量表的异同。本章开创性地将游客和居民的遗产责任放在同一个尺度下进行研究，并开发出相应量表，为后续遗产责任的研究奠定了测量基础，也为解决遗产旅游地多元矛盾和管理困境提供了一定指引。

第二节　文　献　综　述

一、遗产旅游地遗产责任

国际宪章与法规关于遗产责任的主体与内容的表述日益明确，但遗产责任作为学术概念仍处于萌芽阶段（张朝枝，2014）。张朝枝（2014）首次从广义和狭义两个层面对"遗产责任"概念进行界定，认为广义的遗产责任是"个体或组织社会责任的组成部分，是指个体或组织在遗产价值认知、解释与再现过程中承担的相应法律、经济、道德与慈善等方面的责任"；狭义的遗产责任指"个体或组织在遗产价值再现过程中承担的相应法律与经济责任"。无论是广义还是狭义，遗产责任的界定都是立足于主体—客体层面上的责任，强调主体对客体负责，即"我"对"它"（遗产）负责。然而，主体—客体层面的遗产责任研究往往遭遇困境。一方面，遗产责任主体和内容不清晰。权威遗产话语认为所有利益相关者都应该对遗产负责（Smith，2006），但不同利益相关者在遗产发展中因权能不一而应承担不同的责任（Haukeland，2011），这种认识上的分歧使得利益相关者们对于承担相应的遗产保护责任产生抵触，进而导致遗产管理面临一系列保护难题；另一方面，个体责任和集体责任之间存在争议。个体责任是出于自身利益考虑而承担责任，而集体责任则由社会角色所赋予而承担利他责任，以期在未来获得回报（Schlenker et al.，1994）。在遗产责任研究中，国际古迹遗址理事会等文献强调"为后代保护这些古迹，将它们真实地、完整地传承下去是我们共同的责任"，但旅游活动的短暂性使得利他行为难以在短期内获得回报（Fennell，2006）。因而，个体承担遗产责任往往是出于自身利益的考虑，追求享乐主义目的（Fennell，2008），这不利于遗产保护及目的地可持续发展。

遗产责任不仅存在于主体对客体（遗产）层面，而且存在于主体间关系层面。遗产责任实质上涉及多元利益主体之间互动，因权力地位差异和价值取向差异而呈现出复杂的责任关系网络。遗产旅游地发展过程中涉及多元利益主体（张朝枝、李文静，2016），包括国际组织、中央和地方政府、游客、社区居民及旅游企业等（张朝枝，2014）。不同利益主体间的权力地位差异和遗产利用价值取向差异是导致遗产利用矛盾的根源（胡志毅，2011）。因而，有必要从主体间关系层面探讨遗产责任，而列维纳斯责任观可以为遗产责任研究提供哲学反思（Grimwood & Doubleday，2013a）。

二、列维纳斯责任观与遗产地遗产责任界定

列维纳斯认为，人的主体性不是由自我意志构筑，而是由他者的伦理命令和在为他负责的过程中建构起来的（顾红亮，2006b；石德金，2016），他者的他性（alterity）构成了主体性概念的前提（孙庆斌，2009）。列维纳斯批判自巴门尼德至海德格尔的"同一哲学"（Raffoul，2010），认为"同一哲学"中的他者是"我"的一种变异，是可以转化为"同一"的"他我"（alter ego），可以被占有（孙向晨，2008）。列维纳斯"他者哲学"中的他者是"我所不是"，不能被还原为"我"，是彻底的他者，具有不可占有性和不可奴役性，且在伦理地位上高于"我"（孙向晨，2008）。"我"不是出于自由意志选择，而是被动地承担为他责任（Raffoul，2010），并且这种为他责任具有被动性（passivity）、无限性（infinity）、非对称性

（dissymmetry）、不可替代性（irreplaceability）和原初性（pre-originary）
（Raffoul，2010）。列维纳斯认为，责任是一个主体间性的事件，是一种关
系责任，缘起于"我"与他者的面对面际遇（Grimwood & Doubleday，
2013a；孙向晨，2008），不仅是为己的，而且是为他的（顾红亮，2006a；
Raffoul，2010）。责任（responsibility）是对他者伦理命令的回应（re-
sponse）（Raffoul，2010），作为一种不对称的回应，会受到其他他者即
"第三方"的影响（孙向晨，2008）。换言之，主体不是出于利己或利他
目的，而是由于社会道德舆论的规制而承担为他责任。

列维纳斯责任观的为他责任维度有利于完善和深化遗产旅游地遗产责
任研究（Grimwood & Doubleday，2013a）。一方面，现有责任相关研究，
如负责任旅游、企业社会责任等都是基于"个体责任"或者"集体责任"
逻辑，即"个人采取负责任行为是为了个人利益或集体利益"。一旦个人
利益与集体利益发生冲突，就会产生个人主义和集体主义的两难选择困境
（顾红亮，2006b），这种困境在遗产保护中尤为明显。由于遗产价值的普
世性和突出性，权威遗产话语强调保护遗产是每个人的责任，是一种集体
责任。但是，不同利益主体间因权力地位和价值取向差异容易造成集体责
任和个体责任的矛盾。列维纳斯的为他责任超越自我责任与集体责任之间
的困境，构成了自我责任与集体责任的前提，是一种更为原始和真实的责
任（顾红亮，2006b）。从主体间关系层面阐释遗产责任，可以弥补主体—
客体层面遗产责任的缺陷。另一方面，为他责任假设"我"与他者之间处
于不平等的关系，他者发出（伦理）责任命令，"我"则被动承受这个命
令，进而承担为他责任（顾红亮，2006b）。遗产责任保护实践中，权威遗
产话语（如国际组织、国际宪章与文献、国际政府等）发出遗产责任命
令，涉及的利益相关者迫于道德舆论压力而被动地接受这个命令，进而承
担遗产保护的为他责任。为明晰遗产责任的内涵和外延，本章结合已有的
概念界定（张朝枝，2014），并基于列维纳斯责任观（Levinas，1969；顾
红亮，2006a；顾红亮，2006b；石德金，2016；孙庆斌，2009），将遗产
责任界定为"行动者在遗产价值认知、阐释与再现过程中对遗产承担的责

任，包括为己责任和为他责任"。

三、遗产旅游地遗产责任的测量

目前关于遗产旅游地遗产责任的研究主要集中在某一利益相关者，尤其是旅游企业和旅游者。然而，关于遗产旅游地居民的遗产责任研究相对较少，而对于政府部门和非营利组织等其他主体的研究则更为稀少。企业视角的遗产旅游地遗产责任主要聚焦于旅游企业社会责任研究，部分研究以企业社会责任的三种代表性定义（Coles et al.，2013；黎耀奇、傅慧，2014）为基础，借鉴相应的责任维度进行实证检验（Theodoulidis et al.，2017；Lee et al.，2013；Tamajón & Aulet，2013）。然而，旅游业和传统制造业在企业社会责任问题上有着本质区别（Henderson，2007），因而一些研究对旅游企业社会责任维度进行修正以适应旅游业的实际情况。定性探究方面，如谷慧敏等（2011）将中国饭店企业社会责任划分为两种类型：基于"命运共同体"的基础型社会责任和基于"利益共同体"的升华型社会责任；彭雪蓉等（2013）聚焦酒店管理公司的企业社会责任信息披露内容，研究发现企业社会责任实践的主要内容包括慈善捐助、志愿者活动、绿色旅游饭店、节能降耗。定量探究方面，如王彩萍等（2015）开发包括产品、环境、员工、社区和遗产5维度的遗产旅游地旅游小企业社会责任量表；井上和李（Inoue & Lee，2011）将旅游企业社会责任划分为5个维度，分别为员工关系、产品质量、社会关系、环境责任和多元化责任；沈鹏熠（2012）将旅游企业社会责任划分为6个维度，分别为经济、环境、游客、员工、法律和慈善责任；李武武和王晶（2013）构建了包括股东、债权人、供应商、政府、消费者和员工的6维度社会责任评价体系。

游客视角的遗产旅游地遗产责任研究主要聚焦于负责任旅游和环境责任行为（黎耀奇、傅慧，2014），相关研究逐渐增多（Gao et al.，2017；Kang & Moscardo，2006；刘如菲，2010）。斯坦福（Stanford，2008）对产业界代表进行访谈，研究发现，旅游者责任包括尊重、意识和教育、主客间互惠、互动和参与、全方面责任和经济责任 6 个维度；威登（Weeden，2013）强调负责任旅游者应尊重当地居民，促进当地经济发展，减轻负面环境影响等责任；格雷姆伍德（Grimwood，2015）对加拿大 28 位旅游者进行批判话语分析，认为旅游者责任主要包括环境伦理责任和关心他人安危、福祉等。在具体测量方面，李等（Lee et al.，2013）开发出包括公民行动、经济行动、身体行动、劝说行动、可持续行为、保护环境行为、环境友好行为 7 维度 24 个指标的环境责任行为量表；塔帕（Thapa，2010）以政治行动、回收、教育、绿色消费和社区积极主义 5 维度 15 指标的量表来测量负责任旅游者行为；一些学者则在相互借鉴量表的基础上来测量旅游者环境责任行为（Kang & Moscardo，2006；Su & Swanson，2017；邱宏亮、吴雪飞，2014；Ju et al.，2016；Vaske & Kobrin，2001；Chiu et al.，2014）。

居民视角的遗产责任研究尚未得到学者的足够重视，相关研究成果较少（Grimwood，2015）。尽管居民是遗产地极其重要的利益相关者，甚至被称作遗产的最终守护者（Nyaupane & Timothy，2010；Zhao et al.，2016），但是关于居民遗产责任的量化研究并不多见（Su et al.，2016）。已有研究主要是一些定性探究，如张玉玲等（2014）、格雷姆伍德和道布尔戴（Grimwood & Doubleday，2013）的相关研究。

四、研究述评

总的来说，现有关于遗产责任的测量量表，都在某种程度上忽略了为他责任维度，并割裂了利益相关者之间的联系，造成了遗产责任概念不清晰及测量不统一的困境，不同量表之间难以对话（Kang & Moscardo，2006；Su & Swanson，2017；邱宏亮、吴雪飞，2014；Ju et al.，2016；Vaske & Kobrin，2001；Chiu et al.，2014）。因此，为弥补现有研究的不足，本章首次将遗产旅游地居民及游客两个利益相关者同时纳入研究范畴，并增加列维纳斯责任观中的为他责任维度，开发并检验基于居民和游客视角的遗产责任量表。本章仅对比分析游客和居民两个利益主体，主要出于以下三个方面考虑：（1）个体层面的研究较为成熟，为本章提供了较好的前期文献支撑。如前所述，目前关于遗产旅游地遗产责任的研究，集中于旅游企业社会责任及旅游者责任，遗产旅游地居民的遗产责任问题仅有极少部分研究，而政府、非营利组织等其他组织主体的遗产责任研究则更少。（2）相较于组织层面的利益主体，同属个体层面的游客与居民具有清晰的界限和较为明确的利益诉求点，更有利于在研究起步阶段得出较高解释力的研究成果，为后续组织层面利益主体的量表开发奠定基础。（3）遗产旅游地居民和游客分别作为遗产旅游的生产方和消费方，两个群体在遗产价值取向、保护偏好、遗产阐释等方面存在着话语分歧与矛盾（Zhao et al.，2016；胡志毅，2011）。要解决两个群体间的分歧和矛盾，需要先厘清他们对遗产责任认知的异同。

第三节 研究设计

本章遵循严格的量表开发步骤（Churchill，1979；Hinkin，1995；Prentice et al.，2016），在定性访谈及文献整理的基础上，使用扎根方法归纳出原始题项，通过专家咨询和成员检测来检验题项的外部效度及内容效度，最后通过问卷调研的方式进行量表的精简及信度效度的检验。

一、定性研究

资料收集采用半结构访谈法。遗产责任议题具有复杂性、多元性、差异性和一定的敏感性，因此游客和居民被选择为主要访谈对象，同时辅助访谈其他利益相关者对游客和居民遗产责任的认知，更为全面地挖掘游客和居民的遗产责任。围绕以下几个问题展开访谈：（1）您认为该遗产旅游地的遗产价值主要表现为什么？（2）您认为该遗产旅游地应该采取什么样的保护/利用方式？（3）您认为遗产责任是什么？（4）您觉得您在遗产旅游地应该承担哪些责任？（5）您觉得哪些人应该对遗产负有责任，应承担什么责任？笔者分别于 2015 年 2 月 9 ~ 11 日在重庆大足石刻世界文化遗产地及 2015 年 2 月 16 ~ 18 日在武隆卡斯特世界自然遗产地进行调研。游客访谈采用方便抽样在景区内主要休息区进行，居民访谈采用随机入户访谈，其他辅助访谈对象采用方便抽样。在说明研究目的、征得访谈对象同意之后开展访谈，如果访谈对象不接受录音则由访谈员快速记录相关信息。分别访谈游客 22 人、居民 9 人、企业经营者 2 人、导游 2 人、员工 4 人、遗产管理专家 2 人，合计 41 人，单个访谈时间 5 ~ 83 分钟。

扎根理论通过系统地收集和分析资料，自下而上的衍生理论（陈向明，1999），特别适合研究初步阶段的概念维度探讨（姚延波等，2014；张天问、吴明远，2014）。因而，本章运用扎根理论对文本内容进行开放编码、主轴编码和选择性编码，对各利益相关者的认知进行总结，归纳遗产地遗产责任的类属及其内涵。笔者分别独立地对访谈文本进行独立编码，然后核对并讨论每个编码结果，针对分歧编码项引入第三方讨论（姚延波等，2014）。在分析编码的过程中，笔者始终明确研究主题（即提取遗产责任概念维度），不断收集材料、提取概念，并与已经形成的概念核对或组合；保持开放性，并贴近原始资料。在概念之间反复进行，直到不再出现新的类别或属性范畴，达到理论饱和（张天问、吴明远，2014）。最终，通过逐级编码、分类以及对分析结果的信度检验，提取到 8 个主范畴，分别为遗产保护、尊重遗产、遗产知识传递、经济支持、遗产认知、劝说、互惠、关心他人。进一步依据列维纳斯责任观，将劝说、互惠和关心他人归并为对他人态度，最终得到 6 个主范畴（如表 6 - 1 所示）：遗产保护（heritage conservation，HC）、尊重遗产（respect for heritage，RH）、遗产知识传递（heritage knowledge transfer，HKT）、经济支持（economic support for heritage，ESH）、遗产认知（heritage awareness，HA）、对他人态度（attitude towards others，AO）。

表 6 – 1 扎根分析编码的分类结果

主范畴		定义	对应范畴	辅助参考
遗产保护		个体承诺支持遗产保护	物质环境、建筑物、稀缺资源、遗产欣赏、保护政策、自然环境、保护行为	（Grimwood & Doubleday，2013a；Stanford，2008；Grimwood et al.，2015）
尊重遗产		尊重与遗产相关的环境、社会、文化等议题	尊重自然、认同文化、遗产特殊性、遗产脆弱性、风俗习惯、地方特色	（Grimwood & Doubleday，2013a；Stanford，2008；Grimwood et al.，2015；Shostak，2013）
遗产知识传递		个体向他人解说/解释遗产相关知识	遗产故事、原真性知识、代际传递、遗产解说	（Grimwood & Doubleday，2013a；Graham，2002）
经济支持		任何与经济相关的支持行为	纪念品、门票、地方商品	（Stanford，2008；Lee et al.，2013）
遗产认知		知晓遗产知识及利于遗产保护的行为	遗产知识、主动学习、遗产保护常识、遗产参观	（Nyaupane & Timothy，2010；Stanford，2008；Lee et al.，2013；Dono et al.，2010）
对他人态度	劝说	个体以非金钱的形式激励他人保护遗产	遗产保护宣传、抵制不文明行为	（Lee et al.，2013；Dono et al.，2010）
	互惠	对他人的行为给予同等的回报	建立友谊、回馈帮助、主动帮助、加深交流	（Cialdini，1993；Stanford，2006）
	关心他人	对他人的同情、关心与帮助	他人福祉、他人安全、平等享受遗产	（Grimwood et al.，2015；Bastia，2015）

二、原始题项生成及修正

本章在定性研究基础上生成遗产责任量表的原始题项。根据各类属的内涵和构成，结合对文献的归纳整理，笔者与遗产旅游研究领域的三位专家反复讨论、修改原始题项的内容，对同一类型的题项进行提炼、合并，反复斟酌题项用语，最终形成 35 个原始题项。

为进一步修正原始题项，提升原始量表的外部有效性及内容效度，笔者于 2016 年 4 月 15 ~ 16 日在世界自然与文化混合遗产地武夷山进行专家咨询和成员检测（member check）（吴茂英、黄克己，2014）。专家咨询方面，笔者与武夷学院旅游学院的老师及武夷山旅游（集团）有限公司的高管反复讨论原始题项的内容和用语；此外，为更好地反映研究对象的主位声音，笔者进一步进行成员检测，分别与 6 位游客和 4 位居民讨论原始题项的内容和用语。最终将原始量表中 4 条与遗产地遗产责任不相关的题项删掉，形成 31 个测量题项（如表 6 - 2 所示）。

表 6 - 2　　　　　　　　　　遗产责任量表原始题项

维度	原始题项
遗产保护	我不应该破坏遗产的物质环境，如建筑物，自然环境等
	尽量减少使用当地稀缺资源
	参与并支持制定政策，避免破坏社会和环境的行为
	我应该欣赏并保护这个遗产
尊重遗产	我应该尊重遗产地特殊的自然和文化
	我认为自然遗产和文化遗产都应该传递给下一代
	我应该尊重遗产的特殊性，如不能故意冒犯其宗教信仰或者其风俗习惯
	我应该珍惜遗产
遗产知识转移	我应该向更年轻的一代传递遗产知识
	我应该告诉他人有关遗产的故事
	我应该会识别这个遗产的特殊性
	当我向他人传递有关遗产的知识时，我不应该随意篡改
	我应该与遗产互动并参与其中
遗产认知	我应该知道与这个遗产相关的知识
	我应该主动学习与这个遗产有关的知识
	我应该知道哪些行为对遗产是不适当的
	我应该学习哪些做法能降低对遗产的影响

续表

维度	原始题项
经济支持	遗产旅游地很特殊、脆弱，容易被破坏
	我应该通过经济手段，如购买商品和纪念品等来保护遗产
	投资或者参与遗产旅游地社会福利、环境保护和升级的项目
对他人态度	我应该鼓励他人做对遗产有益的事情
	我应该制止破坏遗产的行为
	我应该通过非经济性质的行为如通过写信、演讲等来推动遗产的保护
	我应该告诉他人在参与遗产旅游时正确的行为方式
	当接受到他人的友好对待时，我应该作出回应，如支付一定的费用、微笑、表达感谢等
	我应该接触他人，了解他们的生活方式
	我应该尽可能地为遗产地作出经济贡献
	在与他人交流中建立长期、稳定的合作关系
	我应该关心他人如同伴和当地居民的健康和福利
	我应该关心他人的安危
	我应该意识到在遗产面前，我们都可以平等地享受和欣赏它

第四节 研 究 结 果

一、基于游客的量表开发与检验

（一）数据收集与样本情况

2016 年 4 月 18～20 日，笔者与两位调查人员在世界自然与文化混合遗产地武夷山的天游峰、大红袍、武夷宫等景点及游客中心进行问卷调查。问卷采用李克特 7 级量表，以游客自填式进行现场发放及回收。研究采取方便抽样的方式，调研对象为已经游玩结束并在休息区休息的游客。本次调查共发放问卷 250 份，回收有效问卷 192 份。问卷描述性分析显示：男性游客占 49.5%，女性游客占 50.5%；20～49 岁年龄段的游客占 74%；教育层次方面，大学本科及以上的游客占 66.7%；职业方面，学生、公司职员、政府及事业单位职员和自营业主分别占 15.6%、20.8%、26.6% 和 18.8%。

（二）探索性因子分析

先使用 SPSS 19.0 软件，采用主成分分析法，对基于游客的遗产责任量表进行探索性因子分析。因子分析的 KMO 值为 0.925，Bartlett 的球形度检验的方差近似值为 4939.483，自由度 Df 值为 406，显著性水平达 0.000，表明分析数据总体呈正态分布，适合使用因子分析。根据碎石图和特征值标准（大于 1）确定主成分数量。采用最大方差转轴法，提取了 6 个特征值在 1.0 以上的主成分，累计解释 74.93% 的方差。根据斯特劳（Straub，1989）的建议，应剔除在所有因素上负载值均低于 0.5 或在多个因素上存在交叉负载（Cross Loading）的计量项目。因此，删除"经济支持"中的 1 个题项、"对他人态度" 1 个题项，对剩余 29 个计量项目进行主成分分析。分析结果显示，基于游客的遗产责任概念仍然包括 6 个特征值在 1.0 以上的主成分，累计解释 74.66% 的方差（如表 6-3 所示）。

表 6-3　　　　　　　　　测量题项的主成分分析结果

测量题项	AO	HKT	RH	HA	ESH	HC
AO1	0.726					
AO2	0.791					
AO3	0.738					

续表

测量题项	AO	HKT	RH	HA	ESH	HC
AO4	0.754					
AO5	0.600					
AO6	0.628					
AO7	0.653					
AO8	0.757					
AO9	0.759					
AO10	0.735					
HKT1		0.678				
HKT2		0.793				
HKT3		0.776				
HKT4		0.710				
HKT5		0.701				
RH1			0.780			
RH2			0.817			
RH3			0.808			
RH4			0.772			
HA1				0.753		
HA2				0.725		
HA3				0.716		
HA4				0.702		
ESH1					0.905	
ESH2					0.909	
HC1						0.576
HC2						0.663
HC3						0.665
HC4						0.517

续表

测量题项	AO	HKT	RH	HA	ESH	HC
特征值	14.372	2.021	1.758	1.329	1.137	1.034
解释的方差	49.559%	6.969%	6.063%	4.582%	3.921%	3.567%
累计解释的方差	49.559%	56.528%	62.590%	67.173%	71.093%	74.660%

注：AO 表示对他人态度，HKT 表示遗产知识转移，RH 表示尊重遗产，HA 表示遗产认知，ESH 表示经济支持，HC 表示遗产保护。

（三）验证性因子分析

在因子分析基础上，笔者使用 Mplus 7.0 软件最大似然估计程序，对 6 维度游客遗产责任的测量模型进行验证性因子分析，进一步检验该量表的信度和效度。根据模型的修正指数修订模型（修正指数大于 20 的指标误差协方差设定为自由参数），验证性因子分析的结果表明，计量模型与样本数据的拟合程度较好（$\chi^2/Df = 751/358 = 2.12$，CFI = 0.919、TLI = 0.908、SRMR = 0.048、RMSEA = 0.068）。在所有的指标中，除了 HC2 之外，其他所有指标的因子负载都大于 0.40，满足于传统的因子负载截断值（0.40）。指标 HC2 的标准化因子负载值较低，为 0.379，说明它是潜变量 HC 的弱指标（如表 6 - 4 所示）。鉴于 HC2 的因子负载统计显著，因此在模型中保留该指标（王济川等，2011）。

表 6 - 4　　　　　　　　　　验证性因子分析结果

因子	题项	因子负载	T 值	拟合指标
遗产保护	HC1	0.473	7.634	$\chi^2/Df = 2.12$ CFI = 0.919 TLI = 0.908 SRMR = 0.048 RMSEA = 0.068
	HC2	0.379	5.611	
	HC3	0.795	22.334	
	HC4	0.844	26.283	

续表

因子	题项	因子负载	T 值	拟合指标
尊重遗产	RH1	0.893	49.576	
	RH2	0.849	36.732	
	RH3	0.887	47.403	
	RH4	0.897	50.926	
遗产知识转移	HKT1	0.817	30.130	
	HKT2	0.881	44.323	
	HKT3	0.805	28.201	
	HKT4	0.831	32.502	
	HKT5	0.846	35.528	
经济支持	ESH1	0.886	24.719	
	ESH2	0.986	27.386	
遗产认知	HA1	0.828	30.651	
	HA2	0.758	22.010	
	HA3	0.813	28.438	
	HA4	0.899	45.786	
对他人态度	AO1	0.901	56.895	
	AO2	0.859	41.194	
	AO3	0.802	29.052	
	AO4	0.869	44.235	
	AO5	0.721	19.743	
	AO6	0.615	13.185	
	AO7	0.709	18.888	
	AO8	0.840	36.222	
	AO9	0.869	44.724	
	AO10	0.838	35.644	

（四）信度与效度分析

基于游客的遗产责任计量指标与变量的相关系数和量表的 Cronbach's α 系数的检验结果如表 6 – 5 所示。遗产责任所有计量项目与各自计量的变量之间的相关系数都较高（在 0.662 与 0.970 之间）；各个维度的计量指标具有很高的内部一致性（Cronbach's α 值大于 0.6），表明所设计的基于游客的遗产责任量表具有较高的可靠性（胡宪洋、白凯，2015）。学术界普遍认为，概念的复合可靠性（CR）大于 0.7（Hair et al.，2010），个别项目可靠性（Individual Item Reliability）大于 0.5（Bagozzi & Yi，1988）。可靠性检验结果表明，基于游客的遗产责任 6 维结构测量模型的各概念都具有很高的复合可靠性（大于 0.9）；除了遗产保护的 AVE 值以外，所有变量的 AVE 值和 CR 也基本达到了 0.5 和 0.7 的最低标准，数据的结构效度和区分效度都得到验证，通过严格的个别项目可靠性检验（Han & Li，2016）。综上所述，由 29 个项目组成的基于游客的遗产责任测量模型通过潜变量和计量项目的信度和效度检验，表明所使用的测量量表是可靠的。

表 6 – 5　　　　　　基于游客的遗产责任量表可靠性分析

因子	题项	题项与因子的相关系数	AVE	Cronbach's α	CR
遗产保护	HC1	0.662	0.428	0.672	0.731
	HC2	0.692			
	HC3	0.788			
	HC4	0.755			
尊重遗产	RH1	0.921	0.777	0.932	0.933
	RH2	0.902			
	RH3	0.916			
	RH4	0.913			

续表

因子	题项	题项与因子的相关系数	AVE	Cronbach's α	CR
遗产知识转移	HKT1	0.846	0.700	0.920	0.921
	HKT2	0.907			
	HKT3	0.857			
	HKT4	0.868			
	HKT5	0.875			
经济支持	ESH1	0.970	0.937	0.931	0.968
	ESH2	0.966			
遗产认知	HA1	0.880	0.682	0.895	0.895
	HA2	0.843			
	HA3	0.862			
	HA4	0.903			
对他人态度	AO1	0.881	0.651	0.949	0.947
	AO2	0.866			
	AO3	0.814			
	AO4	0.866			
	AO5	0.773			
	AO6	0.715			
	AO7	0.776			
	AO8	0.865			
	AO9	0.881			
	AO10	0.848			

二、基于居民的量表开发与检验

(一) 数据收集与样本情况

2016 年 4 月 21～24 日，笔者与两位调查员在世界自然与文化混合遗产地武夷山景区周边社区（南源岭村、三姑度假区）及移民社区（角亭村）进行问卷调查。问卷采用李克特7级量表，以入户调查的形式开展调研。针对年长或者不识字的调研对象，调研员口头表述然后由居民进行作答。本次调查共发放问卷250份，回收有效问卷185份。问卷描述性分析显示：男性居民占比53.5%；20～49岁年龄段的居民为主，占比78.4%；教育层次偏低，大中专及以下的群体占比94.1%。

（二）探索性因子分析

与基于游客的量表开发相似，同样使用SPSS 19.0软件采用主成分分析法对基于居民的遗产责任量表进行探索性因子分析。因子分析的KMO值为0.938，Bartlett的球形度检验的方差近似值为5095.483，自由度Df值为465，显著性水平达0.000，表明分析数据适合使用因子分析。采用最大方差转轴法，根据碎石图和特征值标准（大于1）确定主成分数量，提取了5个特征值在1.0以上的主成分，累计解释71.449%的方差。根据斯特劳（1989）关于因子负载截断值和交叉负载的建议，删除"尊重遗产"中的1个题项、"经济支持"2个题项，对剩余28个计量项目进行主成分分析。分析结果显示，基于居民的遗产责任概念包括4个特征值在1.0以上的主成分，累计解释70.488%的方差（如表6-6所示）。其中，在基于游客的遗产责任中经济支持维度对于居民并不存在，原始量表中经济支持的3个题项，有2个被删除，1个负载在尊重遗产维度。在基于游客的遗产责任中，遗产认知维度和对他人态度维度合并为新的维度，包括15个指标。

表6-6　　　　　　　　　　　　测量题项的主成分分析结果

测量题项	AO*	HKT*	RH*	HC*
AO*1	0.793			
AO*2	0.777			
AO*3	0.778			

续表

测量题项	AO*	HKT*	RH*	HC*
AO*4	0.752			
AO*5	0.575			
AO*6	0.550			
AO*7	0.564			
AO*8	0.607			
AO*9	0.738			
AO*10	0.771			
AO*11	0.793			
AO*12	0.765			
AO*13	0.745			
AO*14	0.766			
AO*15	0.759			
HKT*1		0.741		
HKT*2		0.710		
HKT*3		0.757		
HKT*4		0.694		
HKT*5		0.786		
RH*1			0.745	
RH*2			0.875	
RH*3			0.733	
RH*4			0.582	
RH*5			0.773	
HC*1				0.752
HC*2				0.694
HC*3				0.566

续表

测量题项	AO*	HKT*	RH*	HC*
特征值	15.039	2.099	1.515	1.084
解释的方差	53.711%	7.496%	5.410%	3.871%
累计解释的方差	53.711%	61.206%	66.616%	70.488%

注：AO*表示对他人态度＋遗产认知，HKT*表示遗产知识转移，RH*表示尊重遗产，HC*表示遗产保护。

（三）验证性因子分析

在因子分析基础上，笔者使用 Mplus 7.0 软件最大似然估计程序，对 4 维度居民遗产责任的测量模型进行验证性因子分析，进一步检验该量表的信度和效度。根据模型的修正指数修订模型（修正指数大于 20 的指标误差协方差设定为自由参数），验证性因子分析的结果表明，计量模型与样本数据的拟合程度较好（$\chi^2/Df = 727/322 = 2.26$，CFI = 0.912、TLI = 0.897、SRMR = 0.052、RMSEA = 0.075）（如表 6 - 7 所示）。所有指标的因子负载都大于 0.40，满足于传统的因子负载截断值（0.40）。

表 6 - 7　　　　　　　　　　　　验证性因子分析结果

因子	题项	因子负载	T 值	拟合指标
遗产保护	HC*1	0.858	32.335	
	HC*2	0.788	23.550	
	HC*3	0.778	22.602	
尊重遗产	RH*1	0.503	8.336	$\chi^2/Df = 2.26$ CFI = 0.912 TLI = 0.897 SRMR = 0.052 RMSEA = 0.075
	RH*2	0.603	11.333	
	RH*3	0.708	15.775	
	RH*4	0.566	10.178	
	RH*5	0.666	14.060	

续表

因子	题项	因子负载	T 值	拟合指标
遗产知识转移	HKT*1	0.746	20.367	
	HKT*2	0.715	18.317	
	HKT*3	0.743	20.398	
	HKT*4	0.792	25.073	
	HKT*5	0.783	25.783	
对他人态度 + 遗产认知	AO*1	0.826	32.522	
	AO*2	0.825	32.293	
	AO*3	0.813	30.189	
	AO*4	0.814	30.324	
	AO*5	0.860	40.886	
	AO*6	0.771	24.374	
	AO*7	0.789	26.568	
	AO*8	0.812	29.842	
	AO*9	0.736	20.686	
	AO*10	0.724	19.562	
	AO*11	0.757	22.872	
	AO*12	0.759	22.950	
	AO*13	0.823	31.792	
	AO*14	0.845	36.597	
	AO*15	0.843	35.957	

（四）信度与效度分析

基于居民的遗产责任计量指标与变量的相关系数和量表的 Cronbach's α 系数的检验结果如表 6-8 所示。遗产责任所有计量项目与各自计量的变量之间的相关系数都较高（在 0.683 与 0.889 之间）；各维度的计量指标具有很高的内部一致性（Cronbach's α 值大于 0.7），表明基于居民的遗产责任量表具有很高的可靠性（胡宪洋、白凯，2015）。可靠性检验结果表明，基于居民的遗产责任 4 维结构测量模型的各概念都具有很高的复合可靠性（大于 0.749）；除了"尊重遗产"的 AVE 值以外，所有变量的 AVE 值和组合信度也基本达到了 0.5 和 0.7 的最低标准，数据的结构效度和区分效度都得到验证。综上所述，由 28 个项目组成的基于居民的遗产责任测量模型通过潜变量和计量项目的全面信度检验，表明本研究的测量量表是可靠的。

表 6 − 8　　　　　　　　基于居民的遗产责任量表可靠性分析

因子	题项	题项与因子的相关系数	AVE	Cronbach's α	CR
遗产保护	HC＊1	0.889	0.654	0.765	0.850
	HC＊2	0.867			
	HC＊3	0.872			
尊重遗产	RH＊1	0.733	0.376	0.839	0.749
	RH＊2	0.781			
	RH＊3	0.775			
	RH＊4	0.683			
	RH＊5	0.688			
遗产知识转移	HKT＊1	0.820	0.572	0.907	0.870
	HKT＊2	0.824			
	HKT＊3	0.849			
	HKT＊4	0.826			
	HKT＊5	0.800			

续表

因子	题项	题项与因子的相关系数	AVE	Cronbach's α	CR
对他人态度 + 遗产认知	AO*1	0.835	0.641	0.964	0.843
	AO*2	0.836			
	AO*3	0.827			
	AO*4	0.824			
	AO*5	0.867			
	AO*6	0.792			
	AO*7	0.808			
	AO*8	0.822			
	AO*9	0.771			
	AO*10	0.770			
	AO*11	0.792			
	AO*12	0.804			
	AO*13	0.832			
	AO*14	0.844			
	AO*15	0.851			

第五节　结论与启示

一、研究结论

本章在定性研究和文献整理的基础上，通过扎根理论编码分析，归纳出 35 个原始题项。经过专家访谈和成员检查，删除无关的 4 个指标，得到 31 个指标。通过大规模问卷调研，使用探索性因子分析、确认性因子分析、信度分析、效度分析等方法精简量表，最终得到基于游客视角的 6 维度遗产责任量表以及基于居民视角的 4 维度遗产责任量表。具体而言，基于游客视角的遗产责任量表包含 6 个维度共计 29 个指标，分别为遗产保护 4 个指标，尊重遗产 4 个指标，遗产知识转移 5 个指标，经济支持 2 个指标，遗产认知 4 个指标，对他人态度 10 个指标；基于居民视角的遗产责任量表包含 4 个维度共计 28 个指标，分别为遗产保护 3 个指标，尊重遗产 5 个指标，遗产知识转移 5 个指标，居民对他人的态度 15 个指标。

通过对比分析发现，游客视角的遗产责任量表与居民视角的测量指标大致相同，但在维度结构上差异较大。相对于游客视角量表的 6 个维度，居民视角量表只有 4 个维度。其中，遗产保护维度中游客量表多 1 个指标，尊重遗产维度中居民量表多 1 个指标，遗产知识转移维度则完全一致。游客量表的遗产认知因子依附在居民量表的对他人态度因子上，形成广义的对他人态度。居民量表中的经济支持因子消失，其中两个指标被删除，另一个指标归属在尊重遗产因子上。因此，总的来说，游客视角和居民视角的遗产责任的测量量表有相似性但并不完全一致，游客对自己的经济支持认知较高，居民认为对他人态度更重要。总体来说，本研究较好地实现了研究目标，开发了基于游客和居民视角的遗产责任量表，并且证实了对他人态度这个为他责任维度的存在。

基于游客和基于居民视角的遗产责任量表主要有两大差异（如表 6 - 9 所示）。第一，对他人态度维度，游客量表的遗产认知归属到居民量表的对他人态度维度上。这种差异是居民和游客的不同责任逻辑造成的，即游客的遗产认识属于为己责任，而居民的遗产认知属于为他责任。游客进行遗产旅游时，他们通常表现出强烈的遗产认知欲望和动机（Nyaupane & Timothy，2010；Poria et al.，2009），是主动的学习，属于为己责任逻辑。依据列维纳斯的为他责任观，居民对遗产认知并不是主动进行的，而是在遗产旅游开发过程中，由于他者（政府、旅游者、旅游组织等）的压力而被动学习，这在一定程度上表明了居民在遗产话语中的相对失语（Harvey，2015）。第二，经济支持在居民视角的消失。游客认识到旅游消费会提升旅游目的地的经济发展水平及当地居民的生活水平，因而经济责任是重要的。然而，居民是遗产的最终守护者和利益相关者（Nyaupane & Timothy，2010；Zhao et al.，2016），也是遗产旅游积极、消极影响的承受者（Silva，2014），他们并不认为自己需要承担提升当地经济的责任，该维度将消失。

表 6-9　　　基于游客和基于居民视角的遗产地遗产责任量表对比

题项	游客遗产责任量表	居民遗产责任量表
我不应该破坏遗产的物质环境，如建筑物、自然环境等（注：该题项在居民量表中删除）	遗产保护	遗产保护
尽量减少使用当地稀缺资源		
参与并支持制定政策，避免破坏社会和环境的行为		
我应该欣赏并保护这个遗产		
我应该向更年轻的一代传递遗产知识	遗产知识转移	遗产知识转移
我应该告诉他人有关遗产的故事		
我应该会识别这个遗产的特殊性		
当我向他人传递有关遗产的知识时，我不应该随意篡改		
我应该与遗产互动并参与其中		
我应该尊重遗产地特殊的自然和文化	尊重遗产	
我认为自然遗产和文化遗产都应该传递给下一代		
我应该尊重遗产的特殊性，如不能故意冒犯其宗教信仰或者其风俗习惯		
我应该珍惜遗产		
遗产地很特殊、脆弱，容易被破坏（注：该题项在游客量表和居民量表中均删除）	经济支持	尊重遗产
我应该通过经济手段，如购买商品和纪念品等来保护遗产（注：该题项在居民量表中删除）、投资或者参与遗产地社会福利、环境保护和升级的项目（注：在居民量表中，该题项依附在尊重遗产维度上）		

续表

题项	游客遗产责任量表	居民遗产责任量表
我应该知道与这个遗产相关的知识	遗产认知	
我应该主动学习与这个遗产有关的知识		
我应该知道哪些行为对遗产是不适当的		
我应该学习哪些做法能降低对遗产的影响		
我应该鼓励他人做对遗产有益的事情	对他人态度	居民对他人的态度
我应该制止破坏遗产的行为		
我应该通过非经济性质的行为，如通过写信、演讲等来推动遗产的保护		
我应该告诉他人在参与遗产旅游时正确的行为方式		
当接受到他人的友好对待时，我应该要作出回应，例如支付一定的费用、微笑、表达感谢等（注：该题项在游客量表中删除）		
我应该接触他人，了解他们的生活方式		
我应该尽可能地为遗产地作出经济贡献		
在与他们交流中建立长期、稳定的合作关系		
我应该关心他人如同伴和当地居民的健康和福利		
我应该关心他人的安危		
我应该意识到在遗产面前，我们都可以平等地享受和欣赏它		

二、理论贡献与实践启示

本章旨在开发与检验遗产地遗产责任量表，首次从多利益相关者的视角，分别基于游客和居民视角编制遗产责任量表，并对量表的信度和效度进行反复检验。本章推进了遗产责任概念测量研究，为后续遗产责任的影响因素和作用研究奠定了实证研究基础。

遗产对于游客和居民而言，具有不同的象征意义。在游客感知中，经济支持和遗产认知均为遗产责任的重要维度，而这两个维度在居民的视角中却并未显现，这表明不同的利益相关者对遗产责任的认知不尽相同。居民与遗产地有着深厚的生活联系，是遗产的最终守护者和利益相关者（Nyaupane & Timothy，2010；Zhao et al.，2016），也是遗产旅游相关影响的承受者（Silva，2014）。游客是遗产的消费者，在消费他者遗产的过程中寻求自我与遗产的联结（Poria et al.，2009；Poria et al.，2003）。遗产地居民和游客分别作为遗产旅游的生产方和消费方，两个群体在遗产价值取向、保护偏好、遗产阐释等方面存在着话语分歧与矛盾（Zhao et al.，2016；胡志毅，2011）。要解决两个群体间的分歧和矛盾，首先要厘清他们对遗产责任认知的差异。本章明确了游客和居民两个不同利益相关者各自的遗产责任，对促使他们承担相应的遗产责任具有重要的指导作用。

对他人态度维度的区别，是两个不同利益相关者的遗产责任量表的核心差异。居民将遗产认知当作对待他人的态度，很大程度上是由于居民将遗产认知作为他者发出的伦理命令，受到社会道德舆论压力的规制，这一结果印证了居民在遗产话语中的失语状态，亟须自下而上地批判遗产研究（Harvey，2015）。受列维纳斯责任观中的为他责任（Grimwood & Doubleday，2013a；Levinas，1969；顾红亮，2006a；顾红亮，2006b；石德金，2016；孙庆斌，2009）启示，对于不同的主体，为他责任的内容和范畴不一致。对于当地居民而言，他们将遗产知识学习和遗产保护行为视为一种对待他人的态度，因此遗产认知被归类为为他责任。实证结果也显示，基于居民视角的遗产责任量表中遗产认知依附在对他人态度因子上，形成广义的对他人态度。因而，本研究从实证的角度表明，遗产旅游地的遗产责任应该包括为己责任和为他责任，开拓了已有遗产责任的研究视野，具有较高的理论意义。

实践启示主要体现在三方面：第一，本章的研究成果为遗产地可持续发展提供了一个基础的测量工具。目前尚没有针对遗产旅游地遗产责任的测量工具，导致了具体的管理实施遭遇瓶颈。本章开发的量表有助于遗产地相关管理部门对居民和游客的遗产责任进行测量，并根据测量结果制定相应的措施，进而更有针对性地提升遗产地利益主体的遗产责任认知，从而实现遗产旅游地可持续发展；第二，本章发现了居民和游客对遗产责任的认知差异。居民将遗产认知纳入对他者态度维度，认为遗产认知是一种为他责任，是在他者的伦理要求和社会道德舆论规制下的一种被动行为。因而，政府相关部门需要改变居民的这种认知，提升居民关于遗产认知的主动性，进而促进遗产保护和可持续发展；第三，本章还发现，游客认识到旅游消费行为是遗产旅游地经济发展的重要推动力，愿意通过自身的消费提升当地经济发展水平并为遗产旅游地保护提供经济支持。因此，遗产旅游地相关政府部门可适当增加遗产旅游者的二次消费环节，提升对遗产旅游地的经济支持和增加遗产保护的资金来源。

三、研究局限与未来研究方向

本章遵循严格的量表开发步骤，从列维纳斯责任观视角探讨遗产责任概念维度，但仍然存在一定的局限：第一，遗产责任的量表开发与检验，外部有效性需要进一步确定。在定性访谈部分，虽然在两个不同的遗产旅游地进行，但两个遗产地均为重庆市所辖。而在问卷调研部分，仅在武夷山进行。因此，为了提高研究结论的外部有效性，在后续研究中，应该在更多的遗产地收集数据，对量表进行重复检验；第二，本章在样本选择的过程中，主要采用方便抽样方法收集数据，样本可能缺乏代表性。后续研究应对本研究编制的遗产责任量表的普适性进行更深入、广泛的实证检验，并对遗产责任的影响因素及其作用进行更全面、系统的研究和实证检验；第三，由于研究的阶段性，本研究只对游客和居民两个利益相关者进行了对比分析，尚未对遗产旅游地其他利益相关者的遗产责任进行研究，后续研究应进一步扩大利益相关者的种类，如遗产旅游地企业、当地政府、非营利组织等，进行更为充分完善的对比分析；第四，在为他责任的界定中，本章未将"他者"进一步细分，导致操作上尚存不足。后续研究应对为他责任进行进一步系统全面的细分，以提升量表的外推性和适用性。

本章参考文献

[1] 陈向明. 扎根理论的思路和方法 [J]. 教育研究与实验，1999（4）：58 –63.

[2] 范钧，邱宏亮，吴雪飞. 旅游地意象、地方依恋与旅游者环境责任行为——以浙江省旅游度假区为例 [J]. 旅游学刊，2014（1）：55 –66.

[3] 谷慧敏，李彬，牟晓婷. 中国饭店企业社会责任实现机制研究 [J]. 旅游学刊，2011，26（4）：56 –65.

[4] 顾红亮. 为他责任：走出自我责任与集体责任的困境 [J]. 南京社会科学，2006（10）：26 –29.

[5] 顾红亮. 责任与他者——列维纳斯的责任观 [J]. 社会科学研究，2006（1）：37 –40.

[6] 胡宪洋，白凯. 旅游目的地形象修复方式量表探讨：中外游客整合对比的视角 [J]. 旅游学刊，2013，28（9）：73 –83.

[7] 胡志毅. 国外遗产旅游"内生矛盾论"研究述评 [J]. 旅游学刊，2011，26（9）：90 –96.

[8] 巨英英，程励. 文化遗产地旅游社区居民遗产责任行为的形成机制——基于模糊集定性比较分析 [J]. 自然资源学报，2023，38（5）：1135 –1149.

[9] 黎耀奇，傅慧. 旅游企业社会责任：研究述评与展望 [J]. 旅游学刊，2014，29（6）：107 –116.

[10] 李武武，王晶. 旅游企业社会责任与经营效益的相关性研究 [J]. 旅游学刊，2013（3）：47 –51.

[11] 刘如菲. 游客环境行为分析及其对可持续旅游选择性营销的启示——以九寨沟为例 [J]. 人文地理，2010，25（6）：114 –119.

［12］彭雪蓉，魏江，李亚男．我国酒店业企业社会责任实践研究——对酒店集团 15 强 CSR 公开信息的内容分析［J］．旅游学刊，2013（3）：52－61.

［13］沈鹏熠．旅游企业社会责任对目的地形象及游客忠诚的影响研究［J］．旅游学刊，2012（2）：72－79.

［14］石德金．"他者的悖谬"：利奥塔对列维纳斯责任伦理的解读［J］.《深圳大学学报》（人文社科版），2016，33（4）：52－56.

［15］孙庆斌．为"他者"与主体的责任：列维纳斯"他者"理论的伦理诉求［J］．江海学刊，2009（4）：63－68.

［16］孙向晨．面对他者：莱维纳斯哲学思想研究［M］．上海：上海三联书店，2015.

［17］王彩萍，白斌耀，徐红罡．遗产地旅游小企业社会责任对可持续经营的影响［J］．旅游学刊，2015（9）：25－33.

［18］王济川，王小倩，姜宝法．结构方程模型：方法与应用［M］．北京：高等教育出版社，2011.

［19］吴茂英，黄克己．网络志评析：智慧旅游时代的应用与创新［J］．旅游学刊，2014，29（12）：66－74.

［20］姚延波，张丹，何蕾．旅游企业诚信概念及其结构维度——基于扎根理论的探索性研究［J］．南开管理评论，2014（1）：113－122.

［21］张朝枝，李文静．遗产旅游研究：从遗产地的旅游到遗产旅游［J］．旅游科学，2016，30（1）：37－47.

［22］张朝枝，徐红罡．中国世界自然遗产资源管理体制变迁——武陵源案例研究［J］．管理世界，2007（8）：52－57.

［23］张朝枝．遗产责任：概念、特征与研究议题［J］．旅游学刊，2014（11）：45－51.

［24］张朝枝，曾莉萍，林红霞．社区居民对景区开发企业社会责任的感知——基于地方依恋的视角［J］．人文地理，2015，30（4）：136－142.

［25］张天问，吴明远．基于扎根理论的旅游幸福感构成——以互联

网旅游博客文本为例 [J]. 旅游学刊, 2014, 29 (10): 51 - 60.

[26] 张玉玲, 张捷, 赵文慧. 居民环境后果认知对保护旅游地环境行为影响研究 [J]. 中国人口·资源与环境, 2014 (7): 149 - 156.

[27] Bagozzi R P, Yi Y. On the evaluation of structural equation models [J]. Journal of the Academy of Marketing Science, 1988 (16): 74 - 94.

[28] Bastia T. "Looking after granny": A transnational ethic of care and responsibility [J]. Geoforum, 2015 (64): 121 - 129.

[29] Caruana R, Glozer S, Crane A, McCabe S. Tourists' accounts of responsible tourism [J]. Annals of Tourism Research, 2014 (46): 115 - 129.

[30] Chiu Y T H, Lee W I, Chen T H. Environmentally responsible behavior in ecotourism: Antecedents and implications [J]. Tourism Management, 2014 (40): 321 - 329.

[31] Churchill Jr, G A. A paradigm for developing better measures of marketing constructs [J]. Journal of Marketing Research, 1979, 16 (1): 64 - 73.

[32] Cialdini R B. Influence: Science and Practice (3rd ed.) [M] . New York: Harper Collins College Publishers, 1993.

[33] Coles T, Fenclova E, Dinan C. Tourism and corporate social responsibility: A critical review and research agenda [J]. Tourism Management Perspectives, 2013 (6): 122 - 141.

[34] Dono J, Webb J, Richardson B. The relationship between environmental activism, pro-environmental behaviour and social identity [J]. Journal of environmental psychology, 2010, 30 (2): 178 - 186.

[35] Fennell D A. Evolution in tourism: The theory of reciprocal altruism and tourist-host interactions [J]. Current Issues in Tourism, 2006, 9 (2): 105 - 124.

[36] Fennell D A. Responsible tourism: A Kierkegaardian interpretation [J]. Tourism Recreation Research, 2008, 33 (1): 3 - 12.

[37] Frey N, George R. Responsible tourism management: The missing link between business owners' attitudes and behaviour in the Cape Town tourism industry [J]. Tourism Management, 2010, 31 (5): 621 – 628.

[38] Gao J, Huang Z, Zhang C. Tourists' perceptions of responsibility: An application of norm-activation theory [J]. Journal of Sustainable Tourism, 2017, 25 (2): 276 – 291.

[39] Graham B. Heritage as knowledge: capital or culture? [J]. Urban Studies, 2002, 39 (5 – 6): 1003 – 1017.

[40] Grimwood B S, Doubleday N C. From river trails to adaptive co-management: Learning and relating with Inuit inhabitants of the Thelon River, Canada [J]. Indigenous Policy Journal, 2013, 23 (4): 1 – 18.

[41] Grimwood B S, Doubleday N C. Illuminating traces: Enactments of responsibility in practices of Arctic river tourists and inhabitants [J]. Journal of Ecotourism, 2013, 12 (2): 53 – 74.

[42] Grimwood B S, Yudina O, Muldoon M, Qiu J. Responsibility in tourism: A discursive analysis [J]. Annals of Tourism Research, 2015 (50): 22 – 38.

[43] Hair J F, Black W C, Babin B J, Anderson R E. Multivariate Data Analysis: A Global Perspective [M]. Upper Saddle River, NJ: Pearson, 2010.

[44] Han J H, Lee M J, Hwang Y S. Tourists' environmentally responsible behavior in response to climate change and tourist experiences in nature-based tourism [J]. Sustainability, 2016, 8 (7): 644 – 658.

[45] Harvey D C. Heritage and scale: settings, boundaries and relations [J]. International Journal of Heritage Studies, 2015, 21 (6): 577 – 593.

[46] Haukeland J V. Tourism stakeholders' perceptions of national park management in Norway [J]. Journal of Sustainable Tourism, 2011, 19 (2): 133 – 153.

[47] Henderson J C. Corporate social responsibility and tourism: Hotel

companies in Phuket, Thailand, after the Indian Ocean tsunami [J]. International Journal of Hospitality Management, 2007, 26 (1): 228 – 239.

[48] Hinkin T R. A review of scale development practices in the study of organizations [J]. Journal of Management, 1995, 21 (5): 967 – 988.

[49] Inoue Y, Lee S. Effects of different dimensions of corporate social responsibility on corporate financial performance in tourism-related industries [J]. Tourism Management, 2011, 32 (4): 790 – 804.

[50] Kang M, Moscardo G. Exploring cross-cultural differences in attitudes towards responsible tourist behaviour: A comparison of Korean, British and Australian tourists [J]. Asia Pacific Journal of Tourism Research, 2006, 11 (4): 303 – 320.

[51] Lee S, Seo K, Sharma A. Corporate social responsibility and firm performance in the airline industry: The moderating role of oil prices [J]. Tourism Management, 2013 (38): 20 – 30.

[52] Lee T H, Jan F H, Yang C C. Conceptualizing and measuring environmentally responsible behaviors from the perspective of community-based tourists [J]. Tourism Management, 2013 (36): 454 – 468.

[53] Levinas E. Totality and Infinity [M]. Pittsburgh, PA: Duquesne University Press, 1969.

[54] Liang B, Zhang Z, Zhang N, Feng Q. Heterogeneity of residents' heritage responsibilities in the process of cultural communication: The case of the Genglubu heritage site in Tanmen, China [J]. International Journal of Heritage Studies, 2023, 29 (9): 881 – 907.

[55] Ma T F, Chai C W, Chao T W. On the study of the sustainable development of intangible cultural heritage of indigenous peoples' diets—take the protection of geographical indications as an example [J]. Sustainability, 2022, 14 (19): 12803.

[56] Mutanga C N, Kolawole O D, Gondo R, Mbaiwa J E. A review and

SWOC analysis of natural heritage tourism in sub – Saharan Africa ［J］. Journal of Heritage Tourism, 2024, 19 (1): 49 – 67.

［57］Nyaupane G P, Timothy D J. Heritage awareness and appreciation among community residents: perspectives from Arizona, USA ［J］. International Journal of Heritage Studies, 2010, 16 (3): 225 – 239.

［58］Poria Y, Biran A, Reichel A. Visitors' preferences for interpretation at heritage sites ［J］. Journal of Travel Research, 2009, 48 (1): 92 – 105.

［59］Poria Y, Butler R, Airey D. The core of heritage tourism ［J］. Annals of Tourism Research, 2003, 30 (1): 238 – 254.

［60］Prentice C, Han X Y, Li Y Q. Customer empowerment to co-create service designs and delivery: Scale development and validation ［J］. Services Marketing Quarterly, 2016, 37 (1): 36 – 51.

［61］Raffoul F. The Origins of Responsibility ［M］. Bloomington: Indiana University Press, 2010.

［62］Schlenker B R, Britt T W, Pennington J, Murphy R, Doherty K. The triangle model of responsibility ［J］. Psychological review, 1994, 101 (4): 632.

［63］Shostak S. Respect for nature: A theory of environmental ethics ［J］. The European Legacy, 2013, 18 (6): 799 – 800.

［64］Siddiqui S, Sujood Phd, Bano N, Hamid S. An Evaluation of Tourists' Intention towards the Sustainable Conservation of Cultural Heritage Destinations: The Role of Place Identity, Destination Image & Sustainable Intelligence ［J］. Journal of Tourism, Sustainability and Well – Being, 2023, 11 (2): 81 – 99.

［65］Silva L. The two opposing impacts of heritage making on local communities: residents' perceptions: a Portuguese case ［J］. International Journal of Heritage Studies, 2014, 20 (6): 616 – 633.

［66］Smith L. Uses of Heritage ［M］. New York: Routledge, 2006.

［67］Stanford D. Exceptional visitors：Dimensions of tourist responsibility in the context of New Zealand ［J］. Journal of Sustainable Tourism, 2008, 16 (3)：258 – 275.

［68］Stanford D. Responsible tourism responsible tourists：What makes a responsible tourist in New Zealand? ［M］. Wellington：Victoria University of Wellington, 2006.

［69］Straub D W. Validating instruments in MIS research ［J］. MIS Quarterly, 1989：147 – 169.

［70］Su L, Huang S, Huang J. Effects of destination social responsibility and tourism impacts on residents' support for tourism and perceived quality of life ［J］. Journal of Hospitality & Tourism Research, 2018, 42 (7)：1039 – 1057.

［71］Su L, Swanson S R. The effect of destination social responsibility on tourist environmentally responsible behavior：Compared analysis of first-time and repeat tourists ［J］. Tourism Management, 2017 (60)：308 – 321.

［72］Tamajón L G, Font X. Corporate social responsibility in tourism small and medium enterprises evidence from Europe and Latin America ［J］. Tourism Management Perspectives, 2013 (7)：38 – 46.

［73］Thapa B. The mediation effect of outdoor recreation participation on environmental attitude-behavior correspondence ［J］. The Journal of environmental education, 2010, 41 (3)：133 – 150.

［74］Theodoulidis B, Diaz D, Crotto F, Rancati E. Exploring corporate social responsibility and financial performance through stakeholder theory in the tourism industries ［J］. Tourism Management, 2017 (62)：173 – 188.

［75］Vaske J J, Kobrin K C. Place attachment and environmentally responsible behavior ［J］. The Journal of Environmental Education, 2001, 32 (4)：16 – 21.

［76］Wang Z, Le T T. The COVID – 19 pandemic's effects on SMEs and travel agencies：The critical role of corporate social responsibility ［J］. Economic Analysis and Policy，2022（76）：46 – 58.

［77］ Weeden C. Responsible Tourist Behaviour ［M］. London：Rout-
ledge，2013.

［78］ Zhao S，Nyaupane G P，Timothy D J. Residents' preferences for
historic preservation criteria and their determinants：an American example ［J］.
Journal of Heritage Tourism，2016，11（4）：395 – 410.

第四部分　企业社会责任的动态观

第七章

企业社会责任的更新策略

根据边际效应递减规律，当消费者消费某一物品的总数量越来越多时，其新增加的最后单位物品的消费所获得的效用（即边际效用）通常会呈现越来越少的现象（递减）。从边际效应递减规律这个角度出发，企业的社会责任实践应该需要定期更新，而不是一成不变。然而，消费者对企业的伪善行为较为警惕，若企业更换其社会责任实践，可能会被消费者界定为"漂绿"行为，企业将会陷入社会责任实践变与不变的两难境地。目前，缺乏对企业社会责任更新策略的研究，更新策略效应的作用机制及边界条件有待分析。为了弥补该研究空缺，本章探讨了企业社会责任更新策略对顾客认同和忠诚的影响，并进一步分析了品牌声誉的调节作用。通过三个实验室实验，发现更新企业社会责任策略可以通过增强顾客对企业的认同来提升顾客满意度。然而，这种提升效应只发生在强势品牌的条件。对于弱势品牌而言，保持其企业社会责任策略不变是更优的决策。

第一节　研究问题

当前，大多数大型企业会将企业社会责任实践作为必要营销活动，将大量的资源用在开展企业社会责任活动上，并通过主动的营销沟通工具获得消费者对企业社会责任活动的认可（Jones et al. ，2006；Li，2022）。学术研究也表明企业社会责任能够提高顾客信任度、顾客满意度、组织合法性（Organizational legitimacy）、员工工作态度和企业绩效（Marin et al.，2009；Raub & Blunschi，2014；Li et al.，2015；Chan et al.，2023；Kwak et al.，2023；Lin et al.，2022）。然而，虽然已经有了大量的关于企业社会责任的研究（Tsai et al.，2012；Cha et al.，2016；Li et al.，2017；Fatima & Elbanna，2023），但是目前为止，尚未有针对企业社会责任更新策略的的研究。星巴克在其2016年的企业社会责任报告中强调"星巴克正利用其体量优势去创造并且检验各种绿色方案"①。作为一家咖啡连锁店的全球领先品牌，星巴克为什么会强调其企业社会责任更新策略？消费者对星巴克的更新策略是如何响应的？企业社会责任更新策略能带来更高的顾客忠诚度吗？

为了回答以上问题，本章将会使用情景实验法，通过三个实验对企业社会责任更新策略与顾客忠诚度的关系进行分析。具体而言，本章将会探索：（1）企业社会责任更新策略对顾客忠诚度的影响；（2）顾客认同（customer-company identification）对企业社会责任更新策略与顾客忠诚度关系的中介作用；（3）品牌声誉（brand reputation）对企业社会责任更新策略与顾客忠诚度关系的调节作用。通过对企业社会责任更新策略与顾客忠诚度关系的研究，以弥补现有企业更新社会责任战略研究方面的不足，丰富关于企业社会责任的研究，对企业的社会责任长期实践具有较高的指导意义。

第二节　文献综述与研究假设

一、企业社会责任更新策略与边际效用递减规律

从组织合法性理论出发，李等（Li et al.，2017）论证了服务业企业

---

① https：//www. starbucks. com. cn/about/responsibility/global – report.

通过履行企业社会责任提升企业的组织合法性，进而改善消费者对企业的态度。然而，由于边际效用递减规律的存在，随着时间的推移，保持不变的企业社会责任活动对企业组织合法性的提升作用会渐渐式微。边际效用递减规律认为，当消费者消费某一物品的总数量越来越多时，其新增加的最后单位物品的消费所获得的效用（即边际效用）通常会呈现越来越少的现象（递减）（Kauder，2015）。边际效用是消费者的心理感受，个体在消费某种物品或者服务的过程中，实际上就是获得一种刺激，这种刺激能让人产生满足的心理反应。在消费同一种物品或服务时，开始的刺激性一定较强，从而使人的满足程度较高。随着这种刺激不断出现，人在心理上的兴奋程度或满足必然减少。或者说，随着消费数量的增加，效用不断累积，新增加的消费所带来的效用提升越来越微不足道（Brewer & Venaik，2010）。在企业社会责任活动的情境中，中小企业在推行其企业社会责任活动的初始阶段，能给消费者带来较大的刺激，能让他们产生一种十分积极的正面情绪，进而提高消费者对企业合法性的感知，从而提高对企业的忠诚度（Li et al.，2017）。然而，随着时间的推移，消费者在面对同一种企业社会责任活动时，他们在心理上的正面情绪必然减少，导致企业社会责任活动带来的效用下降，使得企业社会责任活动对组织合法性的提升作用慢慢减弱。因此，随着时间的推移，同一个企业社会责任活动对消费者正面情绪（如顾客忠诚度）的刺激会逐渐减低。基于此，提出以下假设：

假设7-1：企业社会责任更新策略能够正向影响顾客忠诚度。具体而言，相对于企业社会责任保持策略，企业社会责任更新策略更能显著提升顾客忠诚度。

二、顾客认同的中介作用

组织认同指组织成员对组织产生的责任感、归属感与认同感。这种情感上的认同表明组织成员在行为与观念等诸多方面与组织具有一致性，并有效地满足了组织成员的自我定义需求（Bhattacharya & Sen，2003）和自我认同需求（Escalas & Bettman，2005）。已有研究表明，组织认同对组织成员的忠诚度（Mael & Ashforth，1992）、组织公民行为（Bergami & Bagozzi，2000）以及品牌忠诚（Peter & Olson，1993）等方面均有正面的影响作用。从社会认同理论和组织认同理论出发，巴塔查里亚和森（Bhattacharya & Sen，2003）将组织认同扩展到消费领域，提出了顾客认同（customer-company identification）的概念框架。该概念框架认为，若消费者与企业保持关系能满足他们的自我定义需求和归属感（如自我区分、自我强化以及自我一致性）时，顾客认同便会形成（Scott & Lane，2000；Turner，1982）。也就是说，顾客认同能使消费者通过与企业保持关系实现自己的自我定义需要和提升其归属感（Mael & Ashforth，1992）。在这个意义上，顾客认同与凯勒（Keller，1993）开发的品牌共鸣概念十分相似，它们都可以用于描述顾客与企业的忠诚关系。顾客对企业的认同是基于他们对企业特征的认知而产生的（Dutton et al.，1994）。

根据社会认同理论，群体成员会通过社会分类与比较，并且进行积极区分来回答"我是谁"这个问题，从而降低自我概念界定过程中的不确定性，同时保持较高的自尊水平（Tajfel & Turner，1985）。因此，社会群体往往会通过内群体与相关外群体之间的有利比较，来追求或保持一种积极的社会认同，以此来增强他们的自尊（Ahearne et al.，2005；Bergami & Bagozzi，2000）。因此，与具有社会责任感的企业产生并保持联结感和归属感有助于顾客构建积极的社会认同。除此以外，当顾客获得了更多的自我积极评价后，会进一步提升自我定义需求（Scott & Lane，2000）。已有研究发现，对企业社会责任认同的顾客也更可能对该企业产生认同感（Lichtenstein et al.，2004）。由于企业社会责任结合了企业身份综合体的三种因素：组织成员行为、沟通交流和象征意义，因而企业社会责任能够引发顾客对企业的认同（Lii & Lee，2012）。所以，基于社会认同理论（Tajfel & Turner，1985；Turner，1982），大量实证研究发现对企业认同更强的顾客更倾向于选择品牌忠诚（Bhattacharya & Sen，2003；Ahearne et al.，2005；Marin et al.，2009）。虽然马林等（Marin et al.，2009）发现了顾客认同在满意与忠诚中发挥的间接作用，但是鲜有研究对顾客认同在企业社会责任更新策略与顾客忠诚度的关系中的中介作用进行实证检验。因此，提出以下假设：

假设7-2：企业社会责任更新策略对顾客忠诚度的影响会受到顾客认同的中介作用。

三、品牌声誉与企业社会责任更新策略

企业与顾客之间的沟通互动能够有效塑造顾客对企业的认知与情感（Chomvilailuk & Butcher，2010），尤其对于企业社会责任策略的感知更是如此。研究显示，美国和英国有超过60%的顾客坦言会对企业的亲社会行为产生好感，并且有超过70%的顾客声称他们会因此选择该企业（Brønn & Vrioni，2001）。品牌企业社会责任实践的频率、强度和时长都会对该品牌的声誉产生影响（Li et al.，2017），而品牌声誉会进一步对顾客的响应产生间接影响，如企业利益感知（Lichtenstein et al.，2004）和情感态度（Marin & Ruiz，2007）等。有学者进一步研究发现企业社会责任声誉会影响顾客对企业动机的判断，他们发现当顾客感知到较低的企业社会责任声誉时，会对企业履行企业社会责任的动机和目的持怀疑态度（Lii & Lee，2012）。相反当顾客感知到较高的企业社会责任声誉时，无论企业社会责任的形式为何，顾客都会倾向于对该企业持积极态度。可以推断，当面对低品牌声誉的企业时（如无品牌的咖啡馆），若企业使用企业社会责任更新策略，顾客会怀疑企业是基于利己主义动机而执行企业社会责任活动（Lii & Lee，2012）。此时，企业的社会责任活动被认为是一种提升品牌吸引力的营销措施，不仅不能提高其组织合法性，还会降低消费者对企业的认同感（Cha et al.，2016）。相反，对于高品牌声誉的企业，消费者更倾向于认为其企业社会责任活动是利他主义的，执行更新策略只是为了提升其效率，让更多的人受益（Lii & Lee，2012）。在这种情况下，既能提升组织合法性，也能避免由于长期履行相同的企业社会责任而带来的边际效

用递减，其对顾客认同的提升作用最大。因此，提出以下假设：

假设7-3：企业社会责任更新策略对顾客认同的影响会受到品牌声誉的调节。具体而言，对于高声誉的品牌而言，采用企业社会责任更新策略会比采用企业社会责任保持策略带来更强的顾客认同；而对于低声誉的品牌而言则相反。

综上所述，本章的研究框架如图7-1所示。

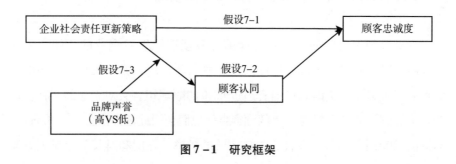

图7-1 研究框架

如图7-1所示，实验一以星巴克的真实顾客为实验对象，对假设7-1和假设7-2中企业社会责任更新策略的有效性进行检验，分析服务业企业社会责任对顾客忠诚度的影响，以及顾客认同对该影响的中介作用。实验二中，对假设7-3进行检验，分析品牌声誉对企业社会责任更新策略影响的调节效应。

第三节 实验一：主效应与中介效应

一、实验设计

本章采用实验室实验对假设7-1和假设7-2进行检验，即检验企业社会责任更新策略对顾客忠诚度主效应以及顾客认同的中介作用，实验采用单因素两水平（企业社会责任策略：更新 VS 保持）的组间实验设计。本次实验使用情景实验的方式，采用"一对一"拦截式测试，将星巴克的顾客作为实验对象。实验的地点选择在中国珠海市几个大型购物中心的星巴克咖啡店的周边区域，在星巴克的顾客离店之后，邀请其参加实验。最终 98 位被试参与实验，其中男性占比为 43.3%；94.8% 的被试集中在 35 岁以下，符合星巴克的顾客群体特征。

在实验开始之前，向被试口头确认是否为星巴克的顾客。在实验对象确认并同意参加实验之后，被试被随机分配到两个情景。被试在阅读星巴克的概况及其社会责任活动简介之后，情景一（企业社会责任保持组）强调了星巴克的企业社会责任活动保持不变（企业社会责任保持策略）："星巴克始终如一地执行着相同的社会责任实践活动，其社会责任活动方式和对象从未发生过变化"；情景二（企业社会责任更新组）强调了星巴克的企业社会责任活动持续在改变（企业社会责任更新策略）："星巴克一直在检验并调整其社会责任实践活动，其社会责任活动方式和对象每年都会发生变化"。在被试阅读完该实验情景后，要求他们描述对星巴克的顾客认同和忠诚度，最后收集被试的人口统计特征信息。为了提升实验的有效性和真实性，实验情景使用的材料来自星巴克 2016 年的企业社会责任报告。

测量主要涉及场景真实性、操控变量以及结果变量的检验。其中，在检验场景材料的真实性时，主要参考的是廖（Liao，2007）的研究，通过题项"现实中也可能发生这样的场景"进行测量。操控检验使用"星巴克的企业社会责任活动是否发生了调整和改变"进行。结果变量包括顾客认同（Cronbach's $\alpha = 0.859$）和顾客忠诚度（Cronbach's $\alpha = 0.873$），其测量来源于查等（Cha et al.，2016）的研究。顾客品牌认同包括 4 个题项，如"总体而言，星巴克品牌与我的形象一致"和"总体而言，星巴克品牌与我的价值观一致"等；顾客忠诚度包括 3 个题项，如"以后我也会选择星巴克品牌"和"相对于其他咖啡品牌，我会更加青睐星巴克品牌"等。

二、实验结果

企业社会责任更新策略的主效应方面，独立样本 t 检验的结果显示，与企业社会责任保持组相比，更新组的顾客忠诚度更高（$M_{更新组}=4.81$，$SD=1.07$；$M_{保持组}=4.24$，$SD=0.95$；$t=2.73$，$p<0.01$），这一结果说明星巴克的企业社会责任更新策略能显著提升消费者的忠诚度。因此，研究假设 7－1 得到支持。

研究进一步利用 SPSS PROCESS 对顾客认同的中介效应进行检验（Hayes et al.，2011）。95% 的置信区间不包含 0（$\beta=0.63$，95% CI，$LLCI=0.36$，$ULCI=0.98$），表明顾客认同的中介效应显著。此外，企业社会责任更新策略对顾客忠诚度的直接效应不显著（$\beta=-0.07$，95% CI，$LLCI=-0.44$，$ULCI=0.31$），表明顾客认同在企业社会责任更新策略对顾客忠诚度的影响中发挥了完全中介作用，因此假设 7－2 得到支持（如图 7－2 所示）。

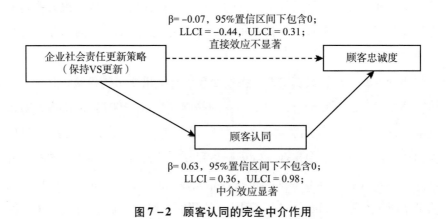

图 7－2　顾客认同的完全中介作用

三、小结

实验一以星巴克的真实消费者为实验对象，分析了星巴克的企业社会责任更新策略对顾客认同和顾客忠诚度的影响。星巴克是全球知名的连锁咖啡品牌，具有十分强的品牌声誉。对于那些品牌声誉较弱甚至是无品牌声誉的咖啡品牌，其企业社会责任更新策略的有效性需要进一步确定。为了研究该问题，需要通过实验二检验低品牌声誉对企业社会责任更新策略与顾客忠诚度关系的调节作用。

第四节 实验二：品牌声誉的调节效应

一、实验设计

为了进一步检验品牌声誉对企业社会责任更新策略的调节效应，实验二采用 2（企业社会责任策略：更新 VS 保持）×2（品牌声誉：高 VS 低）的组间实验对企业社会责任更新策略效应进行检验。实验二以大学生作为实验对象，其原因有二：一是实验一表明大学生是咖啡市场最主要的顾客群体之一，大学生能反映咖啡消费市场的特征；二是学生群体的内部一致性较高，利于排除其他无关因素的影响。实验二招募 101 位大学生作为实验被试，在被试阅读实验说明之后，被随机分配到四组，分别为高品牌声誉——企业社会责任更新组、低品牌声誉——企业社会责任更新组、高品牌声誉——企业社会责任保持组，以及低品牌声誉——企业社会责任保持组。对企业社会责任更新测量的操纵沿用实验一的设计；对品牌声誉的操纵，通过两个不同的品牌进行——"星巴克"（高品牌声誉）和"麦子咖啡"（虚拟品牌，低品牌声誉）。要求各组被试阅读相应的情境材料，并描述其对咖啡品牌的认同感（Cronbach' $\alpha = 0.872$）和忠诚度（Cronbach' $\alpha = 0.810$）。

二、实验结果

对于星巴克组，所有被试都认为星巴克是一个知名品牌；而对于麦子咖啡组，大部分受访者认为麦子咖啡不是一个知名品牌。因此，操控检验成功。

独立样本t检验结果显示，对于高品牌声誉组，与企业社会责任保持组相比，更新组的顾客认同更高（$M_{更新组}=4.44$，$SD=1.16$；$M_{保持组}=3.88$，$SD=1.03$；$t=1.76$，$p<0.01$）；而对于低品牌声誉组，结果相反，保持组的顾客认同显著更高于更新组（$M_{保持组}=4.93$，$SD=0.95$；$M_{更新组}=4.14$，$SD=0.90$；$t=2.64$，$p<0.01$）（如图7-3所示）。实验二的结果显示，企业社会责任更新策略对顾客认同的影响受到品牌声誉的调节，在高品牌声誉的情境下，企业社会责任的更新策略比保持策略能带来更高的顾客认同。相反，在低品牌声誉的情境下，保持策略对顾客认同的提升作用比更新策略更有效。因此，假设7-3得到了强有力的支持。

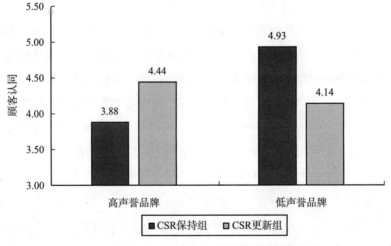

图7-3 假设7-3检验——品牌声誉的调节作用

第五节 本章小结

一、研究结论

本章的研究结论如下：第一，企业社会责任更新策略能够显著提升顾客忠诚度；第二，顾客认同在企业社会责任更新策略提升顾客忠诚度的影响中发挥完全中介的作用；第三，品牌声誉在企业社会责任更新策略提升顾客认同的影响中发挥调节作用。具体地，对于高品牌声誉的企业，消费者更倾向于认为企业社会责任活动是基于利他主义进行的，企业社会责任更新策略在提升组织合法性的同时，避免边际效用递减规律对企业社会责任正面效应的减弱，其对顾客认同和顾客忠诚度的提升作用最大。反之，当面对低品牌声誉的企业时，消费者更容易将企业社会责任活动归因为利己主义动机，此时企业社会责任保持策略不仅不能提高其组织合法性，还会降低消费者对企业的认同感。因此，研究结果对研究的概念模型和研究假设都提供了很好的支持。

二、理论贡献与实践启示

虽然越来越多的服务业研究者关注到企业社会责任作为一种企业战略资源的重要性（Gracia et al.，2011；Swimberghe & Wooldridge，2014），但尚未有研究关注到企业社会责任更新策略问题，本章结论对服务业企业社会责任具有十分重要的理论贡献与实践启示。

首先，本章首次对服务业企业的企业社会责任更新策略进行分析，检验了企业社会责任更新策略对顾客忠诚度的促进作用。已有文献虽然对企业社会责任进行了大量的研究，但是关于服务业企业社会责任的研究主要是基于静态的企业社会责任进行分析，如服务业的企业社会责任现状调查（de Grosbois，2012）、社会责任对服务业利大于弊还是弊大于利（Park et al.，2014）、服务业是否应该主动承担社会责任（Rodriguez & Cruz，2007）、企业社会责任对服务业的正面效应（Cha et al.，2016）、服务业应该如何开展社会责任活动（Li et al.，2015）等。目前关于服务业企业社会责任活动的动态管理的研究较少，仅有李等（2017）分析了服务业企业如何停止企业社会责任活动的问题，而关于企业社会责任更新策略尚未有研究。本章针对服务业企业的企业社会责任更新策略进行分析，发现了企业社责任更新策略能避免边际递减规律带来的企业社会责任效应降低，弥补了关于企业社会责任更新策略的研究空白，具有较高的理论贡献。

其次，关于企业社会责任更新策略对顾客忠诚度的形成路径尚未明晰。本章从社会认同理论出发，分析了企业社会责任更新策略对顾客忠诚度的中介机制。研究发现，服务企业通过实施企业社会责任更新策略，可以有效提升消费者对企业的认同感，形成顾客认同。当消费者产生了对企业的认同之后，由于群体内认同的存在，会对企业产生更积极的态度，表现为更高的忠诚度。本章的研究发现有助于加深对企业社会责任更新策略影响机制的认识，起到深化已有的企业社会责任研究的作用。

最后，本章探讨了品牌声誉在顾客认同形成中的作用，研究发现了品牌声誉对于企业社会责任更新策略提升效应的调节作用。具体地，对于高品牌声誉的企业，消费者更倾向于认为企业的企业社会责任活动是基于利他主义进行的，企业社会责任更新策略在提升组织合法性的同时，避免边际效用递减规律对企业社会责任正面效应的减弱，其对顾客认同和顾客忠诚度的提升作用最大。反之，当面对低品牌声誉的企业时，消费者更容易将企业社会责任活动归因为利己主义动机，此时，企业社会责任保持策略不仅不能提高其组织合法性，还会降低消费者对企业的认同感。

通过三个实验，本章得出一些重要的管理启示。首先，服务业企业不断更新其企业社会责任活动，能避免边际效应递交规律造成的企业社会责任正面效应的递减。因此，适时地更新企业社会责任活动，有助于提升消费者对企业的认同和忠诚度。目前，星巴克是为数不多强调企业社会责任更新策略的企业，通过该策略，星巴克一直保持着良好的品牌形象，主导着全球的咖啡连锁店市场。其次，并不是所有企业都适宜使用企业社会责任更新策略。对于那些品牌声誉较低的企业，企业社会责任更新策略可能会对其带来负面的影响。消费者在评价较低品牌企业的社会责任活动时，会对其动机产生一定的疑虑。若企业不断调整其企业社会责任活动，会导致消费者认为企业是出于利己动机而进行的营销活动，从而会降低他们对企业的认同及忠诚度。相反，对于品牌声誉较高的企业，消费者更倾向于认为企业社会责任活动是出于利他动机进行的，不断调整企业社会责任活动只是提升企业社会责任效率，更好地为利益相关者服务。因此，企业社会责任更新策略仅适用于品牌声誉较高的企业，而不适用于品牌声誉较低的企业。在进行企业社会责任更新策略决策时，企业管理者应该根据自身的品牌声誉进行决策，而不能照搬其他企业的做法。

本章参考文献

［1］Ahearne M，Bhattacharya C B，Gruen T. Antecedents and Consequences of Customer – Company Identification：Expanding the Role of Relationship Marketing ［J］. Journal of Applied Psychology，2005，90（3）：574 – 585.

［2］Bergami M，Bagozzi R P. Self-categorization，affective commitment and group self-esteem as distinct aspects of social identity in the organization ［J］. British Journal of Social Psychology，2000，39（4）：555 –577.

［3］Bhattacharya C B，Sen S. Consumer-company identification：A framework for understanding consumers' relationships with companies ［J］. Journal of Marketing，2003，67（2）：76 – 88.

［4］Brewer P，Venaik S. GLOBE practices and values：A case of diminishing marginal utility? ［J］. Journal of International Business Studies，2010，41（8）：1316 – 1324.

［5］Brønn P S，Vrioni A B. Corporate social responsibility and cause-related marketing：an overview ［J］. International Journal of Advertising，2001，20（2）：207 – 222.

［6］Cha M K，Yi Y，Bagozzi R P. Effects of customer participation in corporate social responsibility（CSR）programs on the CSR – brand fit and brand loyalty ［J］. Cornell Hospitality Quarterly，2016，57（3）：235 – 249.

［7］Chomvilailuk R，Butcher K. Enhancing brand preference through corporate social responsibility initiatives in the Thai banking sector [J]. Asia Pacific Journal of Marketing and Logistics, 2010, 22 (3): 397 – 418.

[8] Dutton J E, Dukerich J M, Harquail C V. Organizational Images and Member Identification [J]. Administrative Science Quarterly, 1994, 39 (2): 239 – 263.

[9] Escalas J E, Bettman J R. Self-construal, reference groups, and brand meaning [J]. Journal of Consumer Research, 2005, 32 (3): 378 – 389.

[10] Fatima T, Elbanna S. Corporate social responsibility (csr) implementation: a review and a research agenda towards an integrative framework [J]. Journal of Business Ethics, 2023, 183 (1): 105 – 121.

[11] Gilal F G, Gilal N G, Martinez L F, Gilal R G. Do all brand CSR initiatives make consumers happy? The role of CSR – brand (mis) fit and sense of relatedness [J]. Journal of Product & Brand Management, 2023, 32 (6): 942 – 957.

[12] Gracia E, Bakker A B, Grau R M. Positive emotions: The connection between customer quality evaluations and loyalty [J]. Cornell Hospitality Quarterly, 2011, 52 (4): 458 – 465.

[13] Grosbois D D. Corporate social responsibility reporting by the global hotel industry: commitment, initiatives and performance [J]. International Journal of Hospitality Management, 2012, 31 (3): 896 – 905.

[14] Hayes A F, Myers T A, Preacher K J. Mediation and The Estimation of Indirect Effects in Political Communication Research [M]. Taylor and Francis, 2011.

[15] Islam T, Islam R, Pitafi A H et al. The impact of corporate social responsibility on customer loyalty: The mediating role of corporate reputation, customer satisfaction, and trust [J]. Sustainable Production and Consumption, 2021, 25 (1): 123 – 135.

[16] Jones P, Comfort D, Hillier D. Reporting and reflecting on corpo-

rate social responsibility in the hospitality industry: A case study of pub operators in the UK [J]. International Journal of Contemporary Hospitality Management, 2006, 18 (4): 329 – 340.

[17] Kauder E. History of Marginal Utility Theory [M]. Princeton University Press, 2015.

[18] Keller K L. Conceptualizing, measuring, and managing customer-based brand equity [J]. The Journal of Marketing, 1993, 57 (1): 1 – 22.

[19] Kwak K T, Lee S Y, Song Y J, Lee S W. Perceived authenticity and corporate legitimacy of Internet portal CSR activities: Focused on Korean Naver user [J]. Information, Communication & Society, 2023, 26 (9): 1830 – 1848.

[20] Liao, Hui. Do it right this time: the role of employee service recovery performance in customer-perceived justice and customer loyalty after service failures [J]. Journal of Applied Psychology, 2007, 92 (2): 475 – 489.

[21] Lichtenstein D R, Drumwright M E, Braig B M. The effect of corporate social responsibility on customer donations to corporate-supported nonprofits [J]. Journal of Marketing, 2004, 68 (4): 16 – 32.

[22] Lii Y S, Lee M. Doing right leads to doing well: When the type of CSR and reputation interact to affect consumer evaluations of the firm [J]. Journal of Business Ethics, 2012, 105 (1): 69 – 81.

[23] Lin Y – T, Liu N – C, Lin J – W. Firms' adoption of CSR initiatives and employees' organizational commitment: Organizational CSR climate and employees' CSR – induced attributions as mediators [J]. Journal of Business Research, 2022 (140): 626 – 637.

[24] Li X. The discursive construction of corporate identity in the corporate social responsibility reports: A case study of Starbucks [J]. Frontiers in Psychology, 2022 (13).

[25] Li Y, Fang S, Huan T C T. Consumer response to discontinuation of

corporate social responsibility activities of hotels [J]. International Journal of Hospitality Management, 2017, 64 (7): 41 –50.

[26] Li Y, Fu H, Huang S S. Does conspicuous decoration style influence customer's intention to purchase? The moderating effect of CSR practices [J]. International Journal of Hospitality Management, 2015, 51 (10): 19 –29.

[27] Mael F, Ashforth B E. Alumni and their alma mater: A partial test of the reformulated model of organizational identification [J]. Journal of Organizational Behavior, 1992, 13 (2): 103 – 123.

[28] Marin L, Ruiz S. "I need you too!" Corporate identity attractiveness for consumers and the role of social responsibility [J]. Journal of Business Ethics, 2007, 71 (3): 245 –260.

[29] Marin L, Ruiz S, Rubio A. The Role of Identity Salience in the Effects of Corporate Social Responsibility on Consumer Behavior [J]. Journal of Business Ethics, 2009, 84 (1): 65 –78.

[30] Park S Y, E Levy S. Corporate social responsibility: perspectives of hotel frontline employees [J]. International Journal of Contemporary Hospitality Management, 2014, 26 (3): 332 –348.

[31] Peter J P, Olson J C. Consumer Behavior and Marketing Strategy [M]. Homewood, IL: Richard D. Irwin, Inc, 1993.

[32] Raub S, Blunschi S. The power of meaningful work: How awareness of CSR initiatives fosters task significance and positive work outcomes in service employees [J]. Cornell Hospitality Quarterly, 2014, 55 (1): 10 –18.

[33] Rodríguez F J G, del Mar Armas Cruz Y. Relation between social-environmental responsibility and performance in hotel firms [J]. International Journal of Hospitality Management, 2007, 26 (4): 824 –839.

[34] Scott S G, Lane V R. A stakeholder approach to organizational identity [J]. Academy of Management Review, 2000, 25 (1): 43 –62.

[35] Srivastava S, Singh N. Do Corporate Social Responsibility (CSR)

initiatives boost customer retention in the hotel industry? A moderation-mediation approach [J]. Journal of Hospitality Marketing & Management, 2021, 30 (4): 459 – 485.

[36] Swimberghe K R, Wooldridge B R. Drivers of customer relationships in quick-service restaurants: The role of corporate social responsibility [J]. Cornell Hospitality Quarterly, 2014, 55 (4): 354 – 364.

[37] Tajfel H, Turner J C. Psychology of Intergroup Relations [M]. Chicago: Nelson – Hall, 1985.

[38] Tsai H, Tsang N K, Cheng S K. Hotel employees' perceptions on corporate social responsibility: The case of Hong Kong [J]. International Journal of Hospitality Management, 2012, 31 (4): 1143 – 1154.

[39] Turner J C. Towards a cognitive redefinition of the social group. In H. Tajfel (Ed.), Social identity and intergroup relations [M]. Cambridge, MA: Cambridge University Press, 1982.

[40] Zhou G Y, Liu L, Luo S M. Sustainable development, ESG performance and company market value: Mediating effect of financial performance [J]. Business Strategy and the Environment, 2022, 31 (7): 3371 – 3387.

第八章

企业社会责任的终止策略

目前，关于企业社会责任的相关研究尚停留在如何承担的阶段，关于如何停止社会责任的问题尚未得到重视。为了弥补该研究不足，本章以目前最为广泛的慈善性社会责任为例，探究企业社会责任终止策略的作用机制。通过三个实验室实验，发现当企业停止承担社会责任实践时，会显著降低公众对企业的态度评价，并且企业社会责任的停止方式以及动机归因都会影响公众对企业的态度评价。此外，相对于短时间的社会责任实践，当企业停止长时间承担的社会责任实践时，公众对企业的态度评价下降程度会更显著。

第一节　研究问题

随着人们对社会可持续发展与环境问题的重视程度不断增加，企业社会责任问题受到学者们越来越多的关注（Fournier，2009）。目前关于企业社会责任的研究主要集中在社会责任的承担问题上（Su & Gu，2010；Shen，2012；Tse et al.，2003；Chen et al.，2023；Fatima & Elbanna，2023；Wojtaszek et al.，2023），如"社会责任对企业利大于弊还是弊大于利？""企业是否应该主动承担社会责任？""企业应该如何开展社会责任活动？"等。但是，关于"企业如何停止社会责任活动"，目前仍然处于研究空白。企业履行社会责任需要大量的资源，在面对诸多内在或外在不利因素的情况下，可能导致企业难以持续地承担社会责任。在企业作出停止社会责任项目的决策后，公众会对该决策的反应如何？该决策是否会带来负面影响？如果存在负面影响，如何将该影响降到最低？

本章以当前最为广泛的慈善性社会责任为例，对企业停止履行社会责任带来的公众态度评价的作用机制进行分析。总的来说，具体研究包括四个内容：（1）企业停止承担社会责任实践是否会影响公众对企业的态度评价？（2）该影响是否会受到公众关于企业社会责任动机感知的调节？（3）该影响是否会受到企业社会责任停止方式的调节？（4）企业承担社会责任的时间长度如何调节该影响关系？

第二节　研究假设

一、公众对企业停止社会责任实践的态度变化

社会责任形象是企业展示在公众面前的一种形象，它与企业的服务能力一样，对公众的态度和行为产生重要影响。一方面，承担社会责任有助于提升企业形象，从而增强公众对企业的正面态度（Brown & Dacin，1997）；另一方面，如果企业停止了这一行为，可能会降低公众对企业的态度（Aaker et al.，2010）。预期理论表明，消费者的期望在其态度评估过程中起着至关重要的作用，消费者对企业的态度依赖于期待和感知的一致性（Hallahan，1997；Dawkins & Lewis，2003），他们的态度评价往往是在期望参照点的基础上作出的（Oliver，1980）。预期理论揭示企业承担社会责任在提升公众态度的同时，也使他们对企业未来的表现产生预期，认为企业会维持在社会责任事业上的良好表现（Huang et al.，2008）。克里耶尔和罗斯（Creyer & Ross，1997）的研究验证了消费者对企业社会责任的"奖励或惩罚"行为是其对企业社会责任行为的期望和对企业道德行为

的感知的函数。黄敏学等（2008）针对汶川地震后企业被"逼捐"的现象，构建"期望—满意—行为"的理论模型，试图解释消费者对企业社会责任行为的认同和行为反应模式。研究发现，消费者对不同企业履行社会责任有不同的期望，当企业履行了社会责任但达不到消费者的期望时，消费者不仅不会对企业的"善举"表示认同，而且还对企业产生负面评价（Huang et al.，2008）。

因此，根据预期理论，企业在承担社会责任的过程中，在增进公众好感的同时也会提高他们对企业的预期。若企业停止承担社会责任，容易导致公众的预期落空，产生预期失验，降低他们对企业的态度评价（朱华伟等，2014）。基于此，提出以下假设：

假设 8-1：企业停止承担社会责任，将会降低公众对企业的态度评价。

二、企业社会责任动机感知的调节作用

公众对企业履行社会责任的动机感知可以归因分为利己动机和利他动机两种（Sen & Bhattacharya，2001；Dimofte et al.，2003）。利己动机是与企业利润目标相联系的动机，利他动机是与社会福利目标相联系的动机（Karen & Becker-Olsen，2006）。以往大量研究表明，如果公众感知企业的社会责任活动是利他主义导向，会认为企业关心社会福祉，从而提高对企业的态度评价；反之，如果公众感知企业是从自身利益出发开展社会营销活动，则会认为企业是利用社会责任以达到自己的目的，从而抑制企业社会责任带来的积极效应（Ellen et al.，2000）。

根据组织合法性理论，在激烈的市场竞争中，企业的组织合法性非常重要，一旦企业被公众贴上"不合法"的标签，将会面临社会舆论批判与社会道德谴责的巨大压力（Mitchell et al.，1997）。内黑塞尔（Neiheisel，1994）提出，企业通过履行企业社会责任，如投入慈善事业、为贫困地区捐赠、保护环境，可以获取高水平的组织合法性，进而提高社会大众对企业的积极情感。当企业停止承担社会责任时，会面临公众的组织"不合

法"判断。若公众感知企业承担社会责任为利己动机，他们会倾向于认为
该企业的社会责任行为只是一个追求利润的营销措施，而企业停止承担社
会责任是因为未能达到该项目的经济目标。此时，企业的组织合法性更容易
受到质疑，更容易被公众贴上"不合法"的标签；反之，若公众感知企
业承担社会责任为利他动机，他们会倾向于认定该企业的社会责任行为是
一项有社会责任感且关注并增进社会福祉的活动，该企业停止承担社会责
任是某些不可抗拒的外部原因造成的（Ellen et al.，2000）。此时，企业
获得更高的组织合法性，当社会责任活动停止后，可以有效避免被公众贴
上"不合法"的标签。总的来说，利己主义动机的企业社会责任更容易受
到公众的合法性质疑，当企业停止承担社会责任时，进一步增强了社会责
任的"不合法"性，放大企业停止承担社会责任的负面影响；而在利他主
义动机归因下，公众倾向于将企业的社会责任实践归类为提高企业外部社
会福利的行为，而不是为了企业一己私欲的行为，因此利他主义动机的社
会责任更容易获得公众的合法性认同，当企业停止承担社会责任时，组织
合法性起到了缓冲作用，减少企业停止社会责任的负面影响。基于此，提
出以下假设：

假设 8-2：社会责任动机感知调节企业停止承担社会责任与公众态度
评价之间的关系。相对于利他主义动机，当消费者感知到企业履行社会责
任是出于利己主义动机时，停止承担社会责任对公众态度的消极影响更为
显著。

三、社会承担责任停止方式的调节作用

根据组织合法性理论，企业承担社会责任停止方式也会对公众的态度
评价产生权变影响。瓦格纳等（Wagner et al.，2009）将企业承担社会责
任的方式分为主动承担和被动承担两类。朱伟华（2014）在此基础上，将
企业停止承担社会责任的方式分为主动停止和被动停止两类。主动停止是
指企业在没有压力和困难的情况下，不愿意再承担社会责任；反之，被动

停止是指企业遇到压力或困难而被迫停止履行社会责任。在企业被认为是主动停止社会责任的情况下，公众会觉得该企业将自身利益置于社会利益之上，缺乏回馈社会的责任感，不关心公众福祉，没有社会担当，组织的合法性会受到公众的质疑（Windsor，2013）。因此，如果公众认为企业主动停止承担社会责任，他们会强化由于企业停止承担社会责任而带来的负面态度评价。反之，如果公众认为企业是被动停止承担社会责任时，他们更倾向于认为企业处于困境中，而导致其无法继续履行社会责任，所以企业停止履行社会责任也是"情有可原"的（朱华伟等，2014）。在这种情况下，企业受到不可控因素迫使，而没有能力继续承担社会责任，企业仍然关心公众的福祉，仍然具有社会担当，组织的合法性得到了保护。因此，如果公众认为企业被动停止承担社会责任，他们会弱化由于企业停止承担社会责任而带来的负面态度评价。结合组织合法性理论，提出以下假设：

假设 8-3：社会责任的停止方式调节企业停止承担社会责任与公众态度评价之间的关系。相对于被动停止，企业主动停止承担社会责任对消费者的企业态度评价的负面影响更为显著。

四、企业社会责任时间长度的调节作用

社会责任的持续时间将影响公众对企业停止承担社会责任的态度评价。巴恩斯等（Barnes et al.，1991）依据企业社会责任开展时间长短将社会责任活动分为两类：短期的社会责任活动和长期的社会责任活动。企业承担社会责任的时间长度反映了其在社会担当方面的坚守。对于长期承担社会责任的企业，从公众认知的角度来看，他们会认为企业确实关心社会公益，真心投入社会责任事业，并将之作为一项长期战略活动，对之投入足够的重视，并能够分配相应的资源，如果不是发自内心的拥护和支持，很难想象企业能长期贡献于社会责任事业（Dahl & Lavack，1995）。此外，企业在长时间承担社会责任的过程中，更有可能遇到各种困难。长

期坚守说明企业已经靠自己的能力解决了此过程中的各种困难。因此，当前停止更可能是由于企业遇到了自己不能克服的困难，而被迫作出的选择。反之，如果企业承担社会责任的时间很短，公众会倾向于认为企业对待社会责任事业比较随意，并没有将之放在企业战略的高度，也没有为它分配相应的资源。较之单次的企业社会责任活动，持续进行的企业社会责任活动可以持续影响公众，从而最大限度地提升企业形象。已有的实证研究也表明，公众更认同和赞扬那些将慈善作为重要战略规划而长期有序承担社会责任的企业（Webb & Mohr，1998）。根据以上研究成果，朱华伟等（2014）推断，相对于长期的社会责任行为，停止短期的社会责任行为造成的公众态度评价降低程度更高。他们认为，时间长度代表企业为从事社会责任活动而付出的努力，当公众感知企业对社会责任事业投入越多，他们对企业的态度就越积极。企业在社会责任问题上付出的努力越大，越表明企业从价值观上认同社会责任事业，认为这是正确的事情，企业应该做。反之，若企业只是短暂地承担社会责任，表明企业对社会责任付出的努力不大（Gao，2009）。

从习得性偏好理论出发，本章认为承担社会责任的时间长度对社会责任的作用具有放大效应。与朱华伟等的观点不一致，本章认为，在社会责任停止的情境下，长期的社会责任活动比短期造成的公众态度评价降低程度更高。习得性现象最早由塞利格曼（Seligman）在其关于动物的研究中发现，他将动物在经历努力后无法逃避有害的、不愉快的情境，不能领悟到偶然成功反应和表现出明显情绪性的这一主观现象称为"习得性无助"（Hsee et al.，1999）。习得性偏好是对习得性无助在个体决策层面的拓展，指个体经历了某种学习后，在情感、认知和行为上表现出的对某一种事物产生偏好的心理状态。根据习得性偏好理论，当企业长期履行社会责任时，公众会对该企业的社会责任习以为常，并将企业的社会责任当成是理所当然的常态。在这种情况下，一旦企业宣布停止承担社会责任，必将与公众的习得性偏好产生冲突，引起公众的不满，最终导致公众降低对企业的态度评价。相反，若企业只是短期履行社会责任，并在公众产生这种习得性偏好之前便宣布停止社会责任，引起公众的不满程度会较少，公众对企业停止承担社会责任的态度评价下降程度也会较低。因此，根据习得性偏好理论，提出以下假设：

假设8-4：社会责任的时间长度调节了企业停止承担社会责任与公众态度评价之间的关系。相对于停止短期的社会责任，停止长期的社会责任对公众的企业态度评价的负面影响更为显著。

本章基于对现象的解读以及文献的归纳整理，结合预期理论、组织合法性理论以及习得性偏好理论，构建了研究框架如图8-1所示。

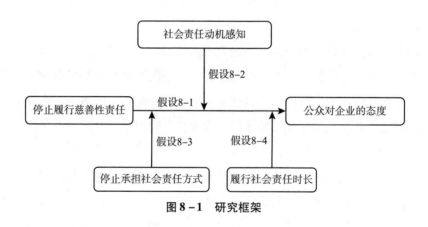

图8-1　研究框架

第三节　实验研究

本章使用3个实验对前述4个研究假设进行实证检验。为了确保实验情景的真实性，实验中采用的情景均以现实中真实的企业社会责任项目为蓝本，进行适当的修正。为了避免实际品牌可能对实验结果造成的各种干扰，我们设计了一个虚拟的酒店（A酒店），实验一中使用的企业社会责任项目是"我爱地球"项目，该项目致力于改善人类的居住环境；实验二中使用的企业社会责任项目是"奋飞工程"项目，该项目致力于通过为贫困地区的儿童捐款，解决社会的贫困问题；实验三中使用的企业社会责任项目是"爱启未来"项目，该项目通过成立爱心基金致力于希望小学建设、民工子弟职业教育以及大学生资助。为了确保实验结果的外部有效性，本章中募集的实验对象均为社会公众，实验小组在小区、写字楼、大型购物商场等社会公众聚集的地方进行实验。

一、实验一：停止社会责任的主效应以及社会责任动机感知的调节效应

实验一主要用于验证假设 8-1 和假设 8-2，即探讨公众对企业停止承担社会责任的态度评价以及公众感知的企业社会责任动机的调节作用。

（一）实验设计

为了检验假设 8-1 和假设 8-2，实验一采用 2（企业社会责任战略：承担社会责任 VS 停止承担社会责任）×2（社会责任动机感知：利己主义动机 VS 利他主义动机）的实验设计。在实验开始之前，受访者被问到在近一年里是否有入住酒店的经历，只有那些最近有酒店住宿经历的受访者才会最终成为实验对象。经过筛选后，受访者将会被告知，研究者对消费者的企业态度和评价感兴趣，受访者的回答没有正确与错误之分，调查是匿名的，他们所提供的信息仅用于学术研究之用。随后，受访者将会被随机分配到两个小组：利己主义动机小组和利他主义动机小组。其中，利他主义动机组中，实验情景强调了 A 酒店履行"我爱地球"项目是为了保护我们生存的环境，为我们子孙后代谋福利；在利己主义动机组中，实验情景强调了 A 酒店期望通过"我爱地球"项目，提升酒店的形象，提高公众对酒店的态度评价。本实验在两个时间点测量实验对象的态度评价，分别是企业停止承担社会责任前（S1）和停止社会责任后（S2）。研究共发放了 100 份答卷，回收有效答卷 73 份（$N_{利己主义动机组}$ =43，$N_{利他主义动机组}$ = 30）。其中，38% 的受访者为男性，74% 的受访者处于 21~30 岁，31~40 岁占比 15%，85% 的受访者拥有大专及以上学历。

（二）变量测量

研究的两个核心测量变量是：公众对企业的态度评价以及他们的社会责任动机感知（利己动机和利他动机）。本章对公众态度评价的测量主要借鉴森和巴塔查里亚（Sen & Bhattacharya，2001）以及朱华伟等（2014）的研究，使用5个题项进行测量，如"在选择酒店时，我可能会重复选择A酒店""在选择酒店时，如果我选择了其他同类型的酒店，我心里会觉得不舒服""我会向家人和朋友推荐A酒店"等。5个题项均采用7点选项的李克特量表进行测量。本章对社会责任动机感知的测量主要借鉴朱华伟等的研究，分别使用3个题项对两种动机进行测量，利己动机3个测量语句为"A酒店开展该项目是为了自己的利益""A酒店开展该项目是为了提升企业形象""A酒店开展该项目其实是一种营销活动"；利他动机的3个测量语句为"A酒店是真诚关心地球环境而资助该项目的""A酒店是为了保护我们所处的环境而资助该项目的""A酒店是出于利他的动机而开展该活动的"。

（三）实验结果

在本研究中，我们通过实验设计对企业停止承担社会责任的动机进行了操纵。为了确保操纵的有效性，有必要对其进行操控检验。配对样本t检验显示，当实验操控为利己主义动机时，利己主义组中的利己主义得分显著高于利他主义 $[M_{利己主义} = 5.52，M_{利他主义} = 4.13，t(1，39) = 5.74，p < 0.01]$。当实验操控为利他主义动机时，利他主义组中的利他主义得分显著高于利己主义 $[M_{利己主义} = 4.38，M_{利他主义} = 4.85，t(1，39) = 2.55，p < 0.01]$。由此可见，操控符合预期，对企业社会责任动机的操控成功。

配对样本t检验显示，企业停止社会责任行为后，公众对企业的态度评价显著降低 $[M_{停止后} = 4.14，M_{停止前} = 5.16，t(1，72) = 9.47，p < 0.01]$。与假设8-1相一致，企业停止承担社会责任会显著降低被试对其的态度，假设8-1得到支持。

由于利己主义动机和利他主义动机是组间操控变量，而两次态度评价是组内操控变量，我们采用重复测试检验对社会责任动机感知的调节效应进行验证。分析结果显示，在利他主义动机的情况下，被试在企业停止承担社会责任前后的态度差值为 0.66（$M_{差值} = M_{停止前} - M_{停止后} = 5.49 - 4.83$）；在利己主义动机的情况下，被试在企业停止承担社会责任前后的态度差值为 1.30（$M_{差值} = M_{停止前} - M_{停止后} = 4.94 - 3.64$）（如表 8-1 所示）。利他主义动机组的态度下降程度显著低于利己主义动机组 [$F(1, 71) = 9.43$，$p < 0.01$]，假设 8-2 得到支持。

表 8-1　　　　　　　　利己主义动机和利他主义动机组的均值差

社会责任动机感知	社会责任承担状态	样本量	均值	均值差
利己主义	承担社会责任	43	4.94	1.30
	停止社会责任	43	3.64	
利他主义	承担社会责任	30	5.49	0.66
	停止社会责任	30	4.83	

二、实验二：社会责任停止方式的调节效应

实验二主要用于验证假设 8-3，即探索企业承担社会责任的停止方式如何调节停止社会责任与公众态度评价之间的关系。假设 8-3 认为，相对于被动停止，当公众认为企业的社会责任是主动停止时，公众对企业态度的下降程度更强。

（一）实验设计

为了检验假设 8-3，实验二采用 2（企业社会责任战略：承担社会责任 VS 停止承担社会责任）×2（社会责任停止方式：主动停止 VS 被动停止）混合实验设计。为了提高研究结论的可推广性，实验二中使用的企业

社会责任项目是"奋飞工程",该项目致力于通过为贫困地区的儿童捐款,解决社会的贫困问题。实验二的研究过程基本与实验一相同。在筛选性问题和保密说明之后,受访者将会被随机分配到两个小组:主动停止组和被动停止组。其中,主动停止的情景说明为"A 酒店由于该计划无法为其带来预期的收益而停止了该计划";被动停止的情景说明为"A 酒店可能没有足够的资金来维持这个慈善计划,不得已停止该计划"。实验二同样在两个时间点测量实验对象的态度评价。

研究共发放了 100 份答卷,回收有效问卷 95 份($N_{被动停止组}$ = 43,$N_{主动停止组}$ = 52)。其中,39% 的受访者为男性,66% 的受访者处于 21 ~ 30 岁,31 ~ 40 岁占比 16%,80% 的受访者拥有大专及以上学历。

(二) 变量测量

实验二的态度测量与实验一一致。实验二对社会责任停止方式的测量主要借鉴朱华伟等 (2014) 的研究,分别使用两个 7 点李克特量表对停止方式进行测量,主动停止的测量语句为"A 酒店由于该计划无法为其带来预期的收益而停止了该计划"和"A 酒店由于达到了自己的目的所以停止了该计划";被动停止的测量语句为"A 酒店可能没有足够的资金来维持这个慈善计划"和"A 酒店停止该计划是一个不得已的决定"。

(三) 实验结果

在本实验中,我们通过实验设计对企业停止承担社会责任的方式进行了操纵。为了确保操纵的有效性,有必要对其进行操控检验。配对样本 t 检验显示,当实验操控主动停止时,主动停止组在主动停止判断上的得分显著高于被动停止 [$M_{主动停止}$ = 5.21,$M_{被动停止}$ = 3.74,$t(1, 39)$ = 5.46,$p < 0.01$]。当实验操控被动停止时,被动停止组的被动停止得分显著高于主动停止组 [$M_{主动停止}$ = 3.97,$M_{被动停止}$ = 5.02,$t(1, 39)$ = 5.95,$p < 0.01$]。对停止方式的操控结果符合预期,实验二对企业社会责任停止方式的操控成功。

实验二重复检验企业停止承担社会责任对公众态度评价的影响（假设 8 - 1）。配对样本 t 检验显示，企业停止社会责任项目后，公众对企业的态度评价显著降低了 $[t(1, 94) = 10.16，p < 0.01]$，假设 8 - 1 得到再一次验证。此外，采用重复测试检验对假设 8 - 3 进行验证。分析结果显示，在主动停止的情况下，被试在企业停止承担社会责任前后的态度差值为 2.42（$M_{差值} = M_{停止前} - M_{停止后} = 5.50 - 3.08$）；在被动停止的情况下，被试在企业停止承担社会责任前后的态度差值为 0.40（$M_{差值} = M_{停止前} - M_{停止后} = 4.63 - 4.23$）（如表 8 - 2 所示）。被动停止组的态度下降程度显著低于主动停止组 $[F(1, 93) = 87.80，p < 0.01]$，假设 8 - 3 得到支持。

表 8 - 2　　　　　　　　　主动停止和被动停止组的均值差

社会责任停止方式	社会责任承担状态	样本量	均值	均值差
主动停止	承担社会责任	52	5.50	2.42
	停止社会责任	52	3.08	
被动停止	承担社会责任	43	4.63	0.4
	停止社会责任	43	4.23	

三、实验三：社会责任时间长度的调节效应

实验三主要用于验证假设 8 - 4，即探索企业社会责任时间长度如何调节停止承担社会责任与公众态度评价之间的关系。假设 8 - 4 认为，相对于短期社会责任，当停止承担长期社会责任时，公众对企业态度的下降程度更强。

（一）实验设计

为了检验假设 8 - 4，实验三采用 2（企业社会责任战略：承担社会责任 VS 停止承担社会责任）×2（履行社会责任时长：短期项目 VS 长期项

目）混合实验。为了提高研究结论的可推广性，实验三中使用的企业社会责任项目是"爱启未来"，该项目通过成立爱心基金致力于希望小学建设、民工子弟职业教育以及大学生资助。实验三的流程基本与实验一相同。在筛选性问题和保密说明之后，受访者将会被随机分配到两个小组：长期组和短期组。其中，短期项目的情景说明为"爱启未来慈善计划是 A 酒店重点开展的慈善活动，已经进行了 1 年"；长期社会责任项目的情景说明为"爱启未来慈善计划是 A 酒店重点开展的慈善活动，已经进行了 12 年"。实验三同样在两个时间点测量实验对象的态度评价，测量题项与实验一相一致。

研究共发放了 100 份答卷，回收有效答卷 89 份（$N_{短期组} = 51$，$N_{长期组} = 38$）。其中，38% 的受访者为男性，61% 的受访者处于 21~30 岁，31~40 岁占比 8%，93% 的受访者拥有大专及以上学历。

（二）实验结果

实验三采用重复测试检验对假设 8-4 进行验证。分析结果显示，在短期项目的情况下，被试在企业停止承担社会责任前后的态度差值为 0.31（$M_{差值} = M_{停止前} - M_{停止后} = 4.38 - 4.07$）；在长期项目的情况下，被试在企业停止承担社会责任前后的态度差值为 1.41（$M_{差值} = M_{停止前} - M_{停止后} = 5.19 - 3.78$）（如表 8-3 所示）。短期组的态度下降程度显著低于长期组 [$F(1, 87) = 52.88$，$p < 0.01$]，假设 8-4 得到支持。

表 8-3　　　　　　　　短期和长期组的均值差

社会责任持续时间	社会责任承担状态	样本量	均值	均值差
短期	承担社会责任	51	4.38	0.31
	停止社会责任	51	4.07	
长期	承担社会责任	38	5.19	1.41
	停止社会责任	38	3.78	

第四节　结论与讨论

一、研究结论

本章使用预期理论、组织合法性理论、习得性偏好理论对企业停止承担社会责任问题进行了探讨。通过三个 2×2 的双因素两水平混合实验，得到以下结论：

（1）当企业停止承担社会责任时，会显著降低公众对企业的态度评价。根据预期理论，公众对企业的社会责任项目有了预期之后，当该项目由于某种原因停止后，公众的预期落空，会产生失验的心理，进而会降低他们对企业的态度评价。

（2）公众对企业停止承担社会责任的态度评价变化，并不是一成不变的，而是受到社会责任的权变因素影响。根据组织合法性理论，当企业停止承担社会责任时，公众会对其进行归因。若公众认为企业是出于利他主义承担的社会责任，或停止社会责任是迫不得已的选择时，他们会更容易接受企业的行为，甚至认为停止社会责任是情有可原的，企业是"合法"的。与之相反，若公众认为企业是出于利己主义承担的社会责任，或企业主动停止社会责任时，他们会认为企业并不是为了社会的福祉承担的社会责任，或没有尽到最大的努力坚持承担社会责任，企业是"不合法"的。当公众认为企业停止承担社会责任"不合法"时，会强化他们对企业的态度评价的降低程度。当公众认为企业停止承担社会责任"合法"时，会减轻他们对企业的态度评价的降低程度。

（3）从习得性偏好理论出发，本研究发现，相对于短期的社会责任，停止长期的社会责任对公众的态度评价下降影响更大。与承担社会责任的正面效应不同，在停止承担社会责任的情况下，长期的社会责任会让企业处于更不利的位置。现有关于社会责任时间长度的研究多次表明，相对于短期的社会责任，长期的社会责任更能提升企业的公众形象。由于习得性偏好的存在，当企业长期承担社会责任时，公众会对该行为产生习得性偏好认知，社会责任行为也慢慢从激励因素转化成为保健因素。在此情况下，短期的社会责任决定了公众对企业"满意—没有满意"的心理状态，而长期的社会责任决定了"不满意—没有不满意"的心理状态。当长期的社会责任被停止了，公众的心理状态是不满意，而短期的社会责任，只是没有满意。因此，相对于短期的社会责任，停止长期的社会责任，会加剧公众降低对企业的态度评价。

二、理论贡献与实践启示

（一）理论贡献

目前，关于企业的社会责任问题，主要还是停留在"做了会如何"层面，关于企业社会责任"停止会如何"的问题，尚属研究空白，未得到学者们的重视。本章结合预期理论、组织合法性理论、习得性偏好理论，探讨了公众对企业停止承担社会责任的公众态度评价变化问题，提出了企业社会责任新的研究领域，具有一定的学术价值和现实意义，研究贡献主要表现在以下几方面：

（1）本章将企业社会责任研究从"做了会如何"阶段推进到"停止会如何"阶段，从某种意义上起到了一定的跨越性作用，具有一定的理论意义。在以往研究中，学者关于企业社会责任的探讨主要停留在"做了会如何"阶段，集中在履行企业社会责任的影响因素、绩效表现、权变因素等方面，关于企业社会责任"停止会如何"的研究尚处于空白阶段。借鉴预期理论，本章创新性地从停止承担社会责任影响的角度出发，分析了公众对企业停止承担社会责任的态度评价变化。并通过三个实验，层层推进地论述了公众对停止社会责任的态度评价变化，以及影响该关系的权变因素。

(2) 本章对停止企业社会责任的负面影响的权变因素进行了深入探讨,有助于厘清公众对企业停止社会责任的态度评价的心理机制。根据组织合法性理论,本章指出,企业社会责任的停止方式以及不同的动机归因,都会调节公众对企业的态度评价。相对于主动停止的社会责任,被动停止更容易让公众接受,企业的"不合法"程度较低,态度评价下降也较低。与之相类似,相对于利己主义动机的感知,企业停止承担利他主义的社会责任也更容易让公众接受,组织"不合法"程度较低,公众对企业的态度评价下降程度也较低。此外,根据习得性偏好理论,若企业长期承担社会责任,公众会慢慢习以为常,并且认为企业承担社会责任是理所当然、必不可少的。此时,原本是激励因素的社会责任项目成为保健因素。也就是说,继续承担社会责任,并不会让公众产生满意的态度,只是起到避免产生不满意的态度。因此,相对于短期的社会责任,当企业停止长期承担的社会责任时,公众对企业的态度评价下降程度会更强。

(二)实践意义

本章具有一定的实践意义,其具体表现为:

第一,本章为企业管理者提供了一个全新的视角,帮助他们重新审视企业社会责任项目的实施与否。本章的研究结论表明,当企业停止承担社会责任时,会显著地降低公众对企业的态度评价。也就是说,企业社会责任是一把"双刃剑",它既能够提升企业的公众形象,也会带来公众的批判。企业在履行社会责任之前,需要从战略的眼光去审视是否实施。若企业只是希望短期的社会责任提升公众形象,并没有持续的投入计划,那么,该措施可能适得其反,会损害企业的公众形象。因此,企业管理者在进行社会责任项目决策时,需要更加审慎、从长期战略层面进行考虑。

第二,如何降低停止承担社会责任的负面影响。若企业作出停止承担企业社会责任的决策,企业管理者需要考虑如何将该决策的负面影响降到最低。本章的研究结果表明,公众对于那些被动停止、利他主义归因的社会责任的中断行为较为宽容，对那些主动停止、利己主义归因的社会责任的中断行为较为苛刻。这给了企业十分有价值的启示。在履行企业社会责任的过程中，需要不断地宣传企业的利他主义动机，避免出现利己主义动机的信息，不断提升公众对企业社会责任的利他主义归因。此外，在公布停止承担社会责任时，需要强调中断行为是不得已的、企业不愿意的，给公众传播企业是被动停止的信息。通过这两种事前和事后的方式，尽量降低社会责任中断带来的负面影响。

第三，本章的研究成果提醒企业重新审视社会责任项目的长短期决策。在以往的研究中，主流观点认为长期的社会责任更有利于提升企业的形象和公众的态度偏好。然而，这个结论是建立在长期实施项目的基础上，该结论在项目中断的情况下结果完全相反。相对于停止承担短期的社会责任，停止承担长期的社会责任会让公众更难以接受，对企业的形象降低程度更严重。因此，若企业作出停止承担社会责任的决策时，停止时间宜短不宜长，从客观上降低项目的时间长度。此外，在宣布该消息时，尽量避免一些关于"项目已经开展了比较长的时间"相关的论述，从主观上降低项目的时间长度，将停止承担社会责任带来的负面影响降到最低。

本章参考文献

[1] 黄敏学，李小玲，朱华伟. 企业被"逼捐"现象的剖析：是大众"无理"还是企业"无良"？[J]. 管理世界，2008 (10)：115-126.

[2] 沈鹏熠. 旅游企业社会责任对目的地形象及游客忠诚的影响研究 [J]. 旅游学刊，2012，27 (2)：72-79.

[3] 苏志平，顾平. 基于供应链的旅游企业社会责任研究 [J]. 江苏科技大学学报：社会科学版，2010，10 (3)：41-46.

[4] 朱华伟，涂荣庭，靳菲. 好事是否要做到底：企业停止承担社会责任后公众的态度变化 [J]. 南开管理评论，2014，17 (6)：4-12.

[5] Aaker J, Vohs K D, Mogilner C. Nonprofits are seen as warm and

for-profits as competent: firm stereotypes matter [J]. Journal of Consumer Research, 2010, 37 (2): 224 – 237.

[6] Barnes N G, Fitzgibbons D A. Is cause related marketing in your future? [J]. Business Forum, 1991, 16 (4): 20 – 23.

[7] Becker – Olsen K L, Cudmore B A, Hill R P. The impact of perceived corporate social responsibility on consumer behavior [J]. Journal of Business Research, 2006, 59 (1): 46 – 53.

[8] Belas J, Çera G, Dvorsky J et al. Corporate social responsibility and sustainability issues of small-and medium-sized enterprises [J]. Corporate Social Responsibility and Environmental Management, 2021, 28 (2): 721 – 730.

[9] Brown T J, Dacin P A. The company and the product: Corporate associations and consumer product responses [J]. Journal of Marketing, 1997, 61 (1): 68 – 84.

[10] Chen J, Xiao T, Zhang F. Paradox of CSR distinctiveness: The tension between stakeholder legitimacy evaluation and stakeholder integration efficiency [J]. Corporate Social Responsibility and Environmental Management, 2023, 30 (6): 2906 – 2923.

[11] Creyer E H. The influence of firm behavior on purchase intention: do consumers really care about business ethics? [J]. Journal of Consumer Marketing, 1997, 14 (6): 421 – 432.

[12] Dahl D W, Lavack A M. Cause – Related Marketing: Impact of Size of Corporate Donation and Size of Cause – Related Promotion on Consumer Perceptions and Participation [J]. AMA Winter Educators Conference, 1995 (6): 476 – 481.

[13] Dawkins J, Lewis S. Csr in stakeholde expectations: and their implication for company strategy [J]. Journal of Business Ethics, 2003, 44 (2/3): 185 – 193.

[14] Dimofte C V, Forehand M R, Deshpandé R. Ad Schema Incongrui-

ty as Elicitor of Ethnic Self – Awareness and Differential Advertising Response [J]. Journal of Advertising, 2003, 32 (4): 7 – 17.

[15] Ellen P S, Mohr L A, Webb D J. Charitable Programs and the Retailer: Do They Mix? [J]. Journal of Retailing, 2000, 76 (3): 393 – 406.

[16] Fatima T, Elbanna S. Corporate social responsibility (csr) implementation: a review and a research agenda towards an integrative framework [J]. Journal of Business Ethics, 2023, 183 (1): 105 – 121.

[17] Fournier S. Lessons Learned About Consumers' Relationships With Their Brands [M]. In Handbook of Brand Relationships: Armonk, NY, 2009.

[18] Gao Y. Corporate social performance in china: evidence from large companies [J]. Journal of Business Ethics, 2009, 89 (1): 23 – 35.

[19] Hallahan K. The dynamics of issues activation and response: an issues processes model [J]. Journal of Public Relations Research, 1997, 13 (1): 27 – 59.

[20] Hsee C K, Loewenstein G F, Blount S, Bazerman M H. Preference reversals between joint and separate evaluations of options: A review and theoretical analysis [J]. Psychological Bulletin, 1999, 125 (5): 576 – 590.

[21] Mitchell R K, Agle B. Toward a theory of stakeholder identification and salience: defining the principle of who and what really counts [J]. Academy of Management Review, 1997, 22 (4): 853 – 886.

[22] Neiheisel S R. Corporate Strategy and the Politics of Goodwill: A Political Analysis of Corporate Philanthropy in America. P. Lang, 1994.

[23] Oliver R L. A cognitive model of the antecedents and consequences of satisfaction decisions [J]. Journal of Marketing Research, 1980, 17 (4): 460 – 469.

[24] Sen S, Bhattacharya C B. Does doing good always lead to doing better? consumer reactions to corporate social responsibility [J]. Journal of Marketing Research, 2001, 38 (2): 225 – 243.

［25］ Tse E, Ng P, Ross K. Banyan Tree Hotels & Resorts: Gauging Investors' views on Corporate Social Responsibility, 2003.

［26］ Wagner T, Lutz R J, Weitz B A. Corporate hypocrisy: overcoming the threat of inconsistent corporate social responsibility perceptions ［J］. Journal of Marketing, 2009, 73 (6): 77 –91.

［27］ Webb D J, Mohr L A. A typology of consumer responses to cause-related marketing: From skeptics to socially concerned ［J］. Journal of Public Policy & Marketing, 1998, 17 (2): 226 –238.

［28］ Windsor D. Corporate social responsibility and irresponsibility: a positive theory approach ［J］. Journal of Business Research, 2013, 66 (10): 1937 –1944.

［29］ Wojtaszek H, Miciuła I, Gac M, Kabus D, Balcerzyk R, Będź mirowski J, Kowalczyk A. Social and environmental responsibility manager on the example of companies from poland and Germany ［J］. Sustainability, 2023, 15 (19): 14359.